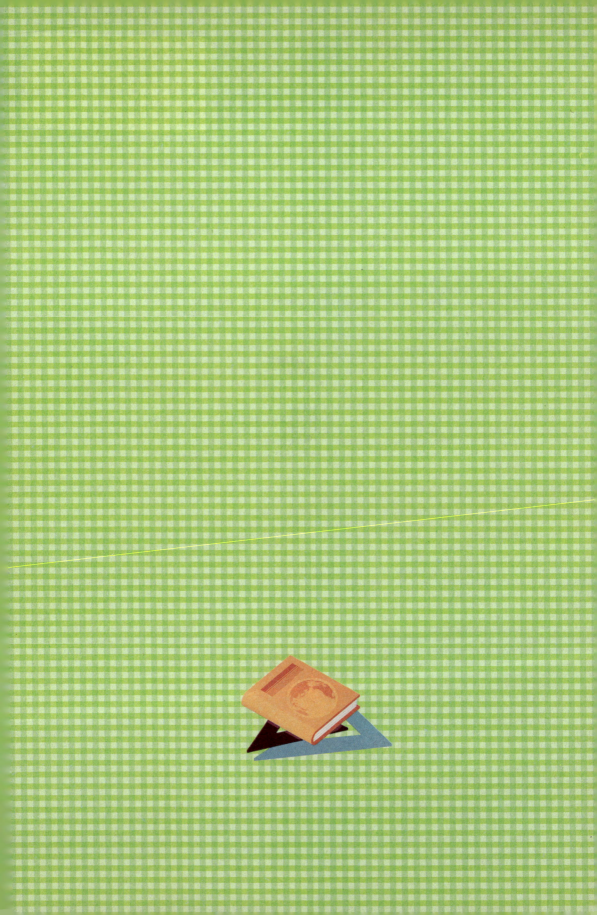

图书在版编目（CIP）数据

趣味语文/崔振乾主编． —— 北京：北京工艺美术出
版社，2018.6

ISBN 978-7-5140-1344-3

Ⅰ.①趣… Ⅱ.①崔… Ⅲ.①语文课-中小学-课外
读物 Ⅳ.①G634.303

中国版本图书馆CIP数据核字（2017）第174785号

出 版 人：陈高潮
责任编辑：王炳护
装帧设计：子 时
责任印制：宋朝晖

趣味语文

崔振乾 主编

出 版	北京工艺美术出版社	
发 行	北京美联京工图书有限公司	
地 址	北京市朝阳区化工路甲18号	
	中国北京出版创意产业基地先导区	
邮 编	100124	
电 话	(010) 84255105（总编室）	
	(010) 64283627（编辑室）	
	(010) 64280045（发 行）	
传 真	(010) 64280045/84255105	
网 址	www.gmcbs.cn	
经 销	全国新华书店	
印 刷	北京中振源印务有限公司	
开 本	720毫米×1020毫米 1/16	
印 张	20	
版 次	2018年6月第1版	
印 次	2018年6月第1次印刷	
印 数	1～5000	
书 号	ISBN 978-7-5140-1344-3	
定 价	56.00元	

前言

　　汉语是地球村使用人数最多的语言，汉字是四大古文字中唯一未中断使用的文字体系，汉语博大精深、魅力无穷，我们理应开发这一富矿，开启少年儿童的学习兴趣，有效传承华夏文明。《趣味语文》就是让人在快乐的阅读中潜移默化地提升自身国学素养、提高语言和文字表达能力的趣味读物，希望小读者们能在书中寻找到自己的宝藏。

　　本书从汉字、成语、谜语、诗歌、对联、俗语、谚语、标点等各个方面选取最有趣也是最有吸引力的故事和知识，内容新颖活泼，插图精美生动，能让孩子沉浸在五彩缤纷的语文世界里，体会到语文的广博和奇妙，从此爱上语文。

　　本书在编写上具有以下三个突出的特点：

　　一、由权威团队组织编写。

　　本书由全国重点小学的高级教师指导编写，紧扣教材，同时以教材为基点进行延伸拓展，以提高学生国学素养、提升思维能力、关注心灵成长等为出发点，内容包罗广泛。

　　二、兼具知识性和趣味性。

　　兴趣是最好的老师，在语言学习中，兴趣尤其是一把指引读者打开语言宝库大门的钥匙。本书寓教于乐，将一些枯燥的

臣节重如山　君恩深似海

语文知识和一些趣味性很强的内容结合起来，让学生变苦学为乐学，开拓人文视野，充分领略汉语言的神奇魔力。

三、注重训练，实用性强。

本书注重把一些单调的语文知识和生动活泼的训练结合起来，训练形式多样，让学生在愉悦中积累，从而掌握学习语文的技巧和方法。其中一些学习方式本身就很有创意，对启发学生的智慧很有好处。书中的部分问题设计可能具有一定的难度，学生必须跳一跳才能摘取到香甜的果实。

需要特别指出的是，本书既不是教科书，也不是教辅材料，更不是考试秘诀，不需要预复习，不必做作业，更不用担心考试。可以觉得哪一段有趣就看哪一段，有多少空闲时间就看多少，隔一段时间再看也不会影响阅读的效果。

最后，对指导孩子们使用本书的教师、家长提个建议：不必要求孩子们对每个问题、每个环节都完全掌握（因为对不同的读者来说，问题的难易程度有很大的差别），应该把学习的自主权交给孩子，即使成人参与其中，也只是为了增加孩子的学习乐趣。

家长和教师们是否在为孩子的语文成绩不理想而焦急？是否在为不知如何激发孩子的语文学习兴趣而烦恼？本书就是孩子最有趣的学习伙伴。它将引领孩子进入快乐语文的游乐场，这儿到处都是妙趣横生的语文知识、令人爆笑的语文笑话、夸张形象的手绘插图，会让语文学习轻松快乐起来，从此和严肃语文、呆板语文说再见！

目录

第一章　轻松破解语文趣味题

第二章　成语游乐园

第三章　谜语小天地

第四章　诗海趣味多

第五章　趣联对对碰

第六章　俗语、谚语、歇后语

趣味语文

第九章　点小作用大

第一章

轻松破解语文
趣味题

一 联想法

联想就是指由于某人或某事物而想起其他相关的人或事物。例如从这件事想到那件事，由这个人想到那个人，等等。展开联想时，首先要找准触发联想的事物的寓意；其次，要使自己的思维尽可能扩展开去，不能只停留在狭小的空间里或事物的表面上。

例如：

高则诚是元朝时的戏曲家。他从小就聪颖不凡，六七岁时就会作联作诗。

有一天，他从学馆回来，巧遇一位在当地很有名望的尚书大人出门送客。尚书大人看见高则诚身穿绿袄，又很有才气，就想逗逗这孩子。尚书大人说："出水蛙儿穿绿袄，美目盼兮。""美目盼兮"出自《诗·卫风·硕人》，形容眼睛明亮美丽。高则诚听见尚书大人出对，就停下来仔细听。他看见尚书大人身穿一件红袍，送客人时不断地给客人行礼，便随口而出："落汤虾子着红袍，鞠躬如也。"高则诚说完对子，才想到自己将尚书大人比作"虾"了，这可不大礼貌，赶忙上前施礼道歉。尚书大人不但没生气，还鼓励了高则诚一番。

解 析 >>>

高则诚由尚书大人身穿红袍和行礼作揖触发了联想，想到了煮熟的虾子也是身着红袍，弯着身子，于是巧妙地对出了下联。

二 逻辑推理法

有些趣味题提供给我们的信息比较繁杂，初看起来就如同一团乱麻，难以理清思路。这时，就需要运用我们的逻辑推理能力。首先，我们需要将题目中的信息进行排序及相关性推导，排除干扰，确定有助于解题的信息有哪些；其次，对这些信息进行全面的相关性分析，找出共同点，这样就能找到解题的途径了。

例如：

王秀才说："唐虞有，尧舜无；商周有，汤武无；古文有，今文无。"你能猜出这个字是什么吗？

解 析 >>>

分析题干，我们可参考的解题关键是分析"唐虞"和"尧舜"、"商周"和"汤武"、"古"和"今"各字词之间的"有无"关系，这些关系的相通点即为答案。而词的关系可以从词义、字音和词形三方面来考虑。词义方面，前面两组对比词都与古代名人有关，"有无"关系内容很多，但最后一组词却是一对时间词，它们之间没有交集；字音关系也没有相通之处；因此以上两条都是不能寻求答案的"死路"，可知词形是解题的正确途径。从词形这一线索，很容易看出三对字词的"有无"关系中共同出现的是一个"口"字，因此答案已见分晓：口。

三 逆向思维法

在解一些趣味题时，我们常常会陷入一个常规的或固定的思维模式当中，在自己设定的情境中难以找到问题的答案。这时候就需要我们发挥逆向思维，打破常规，跳出当前的思维模式，也就是人们常说的"倒过来想"——从后面的问题出发去联系前面的陈述，从而发现突破口，找出答案。

例如：

清朝末年，有一天，慈禧一时高兴，把一位大学士召到宫中，命他在一把玉扇上题诗。大学士打开玉扇，笔走龙蛇，题上他最欣赏的唐朝著名诗人王之涣的一首诗："黄河远上白云一片孤城万仞山羌笛何须怨杨柳春风不度玉门关"。书毕，恭恭敬敬地呈了上去。慈禧接过玉扇，轻轻念起来，可怎么念也不对口，再往下看，不禁大怒，厉声道："大胆奴才，竟敢欺我不懂诗词，胡乱写来！看你写的是什么！"大学士惶恐地接过来一看，心里暗暗叫苦。原来刚才一时疏忽，题诗时竟在"白云"之后漏了一个"间"字，一首七绝变得只有27个字，这可怎么是好？如果不能机智地搪塞过去，今天可是会掉脑袋的呀！

看着漏了一个字的七绝诗，大学士急中生智，当场又给慈禧吟诵了一遍。慈禧听后，接过扇子，默默吟来，倒也上口，所以虽明知大学士胡诌，却也赞赏他的随机应变，于是饶过了他。

聪明的你知道大学士是怎么做的吗？

解 析 >>>

　　题目中大学士所题的原是一首七绝，字数是有严格要求的，意境也是完整的，漏掉一个字，不仅形式上完全没法弥补，而且有可能意思没法表达完整。因此，要让它最后还原成一篇正常的诗文，那应该是一个不可能完成的任务。

　　但是逆向思维一下，既然最后还是这27个字流畅成文了，并获慈禧通过，也就是说，最后成文的肯定不是七绝诗了，跳出这个固定限制之后，将这27个字按顺序组合，添加句读，任意表意完整的表述即可满足要求。

　　所以答案为：黄河远上，白云一片。孤城万仞山，羌笛何须怨。杨柳春风，不度玉门关。

四 谐音猜测法

　　谐音是指字的读音相同或相近。汉语中有很多读音相同或相近的汉字，有些题目就是利用这个谐音特点来出的。所以做这些题目的时候，我们就可以试着将题目多读两遍，找一找是否有跟题目中关键词谐音但词义不同的汉字，找到这些字词，对应题目加以推断，答案就近在眼前啦！

　　例如：

　　有位农民伯伯买了台大型拖拉机，想靠它勤劳致富。他把拖拉机开回家的当天，特意请来几个邻居庆祝一下。有人说："拖拉机也买了，以后就会有好的光景了，你还有什么心愿吗？"农民伯伯呵呵一笑，取来纸和笔，很快写好了一副对联：

　　一六一六一一六
　　六一六一六六一
　　还有横批：
　　一七八八

　　邻居们看着对联疑惑不解，农民伯伯笑着将对联用曲调唱了出来，大家一听，连声称妙。
　　聪明的你能猜出农民伯伯的心愿吗？

解 析 >>>

　　题目中的对联内容都是数字，从字义、字形看，跟"心愿"没有一点儿关联，这样我们很容易跟邻居一样疑惑不解。而题目在揭示答案的时候提示"曲调"，那我们不妨试试数字的曲调读音，曲调中"1"读音"多"，"6"读音"拉"，而横批中的"八"没有对应音调，但根据民间常用谐音，"八"对应"发"，如此一来，答案就一目了然啦！

　　对联：多拉多拉多多拉，拉多拉多拉拉多

　　横批：一齐发发

　　它形象地表达了农民伯伯想靠勤跑"多拉"走上致富路，并希望和大家一起发财的心情。

五 排除法

　　所谓排除法就是指对题目可能有的答案逐一排除，最后留下准确答案的一种解题方法。使用排除法时，首先要以题目给的某些关键信息划定一个答案范围，然后根据题目给出的其余信息来逐步否定错误答案，缩小范围，这样正确答案就跑不出你的手掌心啦！

例如：

字谜：一木口中栽，非杏也非呆，若要猜困字，还没猜出来。

解 析 >>>

　　字谜共四句话，第一句"一木口中栽"给出了解字谜的关键信息，也确定了字谜是要找"木"和"口"的合字，可确定谜底应该是"杏""呆""困""束"中的一个，而后面三句能让人缩小范围。第二句排除"杏"和"呆"字，第三句、第四句排除"困"字，最后只剩下一个"束"字，也就是我们要找的谜底了。

六 词语推敲法

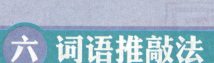

唐代诗人贾岛就"僧推月下门"好还是"僧敲月下门"好进行认真的思考、反复的比较，为后人树立了严肃治学的可贵形象。"推敲"实际上就是对词语的锤炼。

在解题时，推敲词语需要深刻理解词语的含义及适用范围，需要在词音、词形特别是词义方面反复对比、琢磨，从而找出表意最准确、最生动形象的那个词来。

例如：

某处房子的外墙上题有一首诗，因年代久远，其中一句"林花著雨胭脂X"中的最后一个字字迹模糊，看不清楚。恰逢四人路过，于是每人提议用一字来补全，分别是：润、老、嫩、落。而原文为"湿"。

你能根据该诗句的意境，对比原文评判一下这几个待选项和原字的优劣吗？

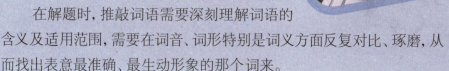

解 析 >>>

诗句残缺的那一字是为了描述"林花著雨"这一意境的，其中"润"讲究的是形表，"老"强调了花的衰情，"嫩"着重于花的色质，"落"描写了其姿态，而原文的"湿"则融形、情、色、态于一炉，将"林花著雨"的意境准确、生动、形象地表达了出来。

趣味语文

动画乐园

《倒霉熊》

发行公司：韩国EBS教育电视台

影片简介

　　《倒霉熊》是一部出自韩国人之手，以可爱的北极熊贝肯为主角的幽默搞笑短片。片中的主人公是一只长在北极的胖胖的小熊，它的好奇心很强。它从遥远的北极来到了繁华的城市，从此便发生了很多令人啼笑皆非的故事，令人们在开怀大笑的同时还会为倒霉熊的单纯而感动。

剧情简介

　　贝肯是一只全身雪白、胖乎乎的北极熊，它有着孔武有力的外表，却总是笨乎乎地搞砸一切。当然，在它自己看来，它是如此优秀，所以那些身材矮小的企鹅、瘦小的蜥蜴根本不能和我们的倒霉熊相提并论。对了，它叫"倒霉熊"，因为无论它多么努力地想做好一切，最终却被命运之神戏耍，遭受着各种各样的霉运。即便如此，倒霉熊依然嘿嘿傻笑，走遍世界各个角落，尝试各种各样的行业和运动，迎接一个又一个全新的挑战……

第二章

成语游乐园

看图猜成语

请你看图猜成语,并把成语填写在横线上。

1. 3 ◁ _____

2. 无有 _____

3. 僧僧僧僧僧僧僧
    僧僧 粥 僧僧
    僧僧 僧僧
    僧僧僧僧僧僧僧 _____

连字组成语

从下图中的某一个字开始，按照顶真的形式依次连完格子里的字，路线不能重复，使之成为首尾相连的五个成语。顶真：前一句末尾的字，是下一句开头的字，如：江山如画、画饼充饥……

人	老	下	月
雄	心	底	捞
志	壮	海	人
士	仁	人	山

 趣味成语大家猜

有些成语常可以通过汉字、图形不露痕迹地展现出来。现在，就请你开动脑筋想一想：下列文字或图形所指的成语各是什么？请在括号里填写出答案。

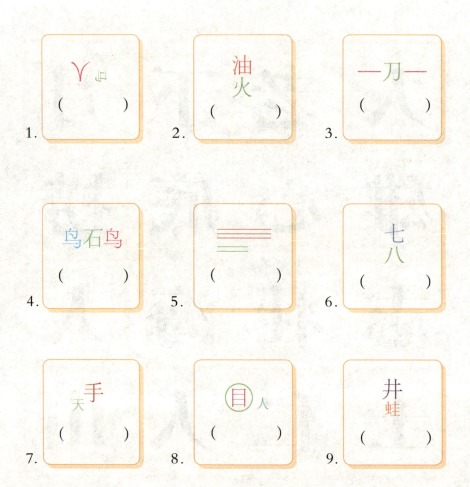

成语接龙

请你在空格里填上适当的字,使这个字同时成为前一个成语的末尾和后一个成语的开头。

一 鸣 惊 [ ] 微 言 [ ] 而 易 [ ]

[ ]
一
反

[ ] 其 当 [ ] 无 龙 [ ] 成 五 [ ]

口
而

[ ] 生 入 [ ] 灰 复 [ ] 眉 之 [ ]

起
直

[ ] 仅 无 [ ] 不 源 [ ] 穷 本 [ ]

求

必 [ ] 付 自 [ ] 鱼 得 水

　　有些成语的样子看起来差不多,可仔细分析一番却大不一样。例如:"一丝不苟"不是"一丝不挂",咱们可要看清楚啊!下面这些成语,请你来填填看。

1. 一 ☐ 十 ☐ —— 比喻阅读快速。

　 一 ☐ 十 ☐ —— 比喻做事情没有恒心。

2. 朝 ☐ 暮 ☐ —— 形容时时刻刻都想着。

　 朝 ☐ 暮 ☐ —— 比喻反复无常。

3. 不 ☐ 而 ☐ —— 表示没有辛劳付出却有收获。

　 不 ☐ 而 ☐ —— 比喻东西无缘无故地消失。

　 不 ☐ 而 ☐ —— 形容非常恐惧。

4. 一 ☐ 千金 —— 比喻出手大方,任意挥霍。

　 一 ☐ 千金 —— 形容做人极讲信用,说话算数。

　 一 ☐ 千金 —— 形容时间非常宝贵。

　 一 ☐ 千金 —— 形容文辞精妙,不可更改。

成语盘龙

请在每个方阵的空格里填入数字,使得各横行分别组成一个成语。

1.

接		连	
独		无	
欺		瞒	
杂		杂	

2.

讽		劝	
推		阻	
说		不	
数		数	

3.

成		上	
说		道	
举		反	
杀		儆	

枚乘劝刘濞

　　西汉时，有个著名的文学家叫枚乘。他在吴王刘濞那里做郎中的时候，刘濞想要反叛朝廷，枚乘就劝阻他说："用一根头发系上千钧重的东西，上面悬在没有尽头的高处，下面垂到无底的深渊，这种情景就是再愚蠢的人也知道是极其危险的。如果上边断了，那是接不上的；如果坠入深渊，也就不能上来了。所以，你反叛汉朝，就如这根头发一样危险哪！"

⇨　　这则故事包含了一个成语，你能猜出这个成语吗？

语文资料库

通过丰富的联想，把多音字的不同读音编入一句话或一段话中，对记住多音字的读音很有帮助。

空 有空（kòng）闲就好好读书，尽量少说空（kōng）话。

喝 武松大喝（hè）一声："快拿酒来！我要喝（hē）十二碗。"

差 他每次出差（chāi）差（chà）不多都要出点儿差（chā）错。

盛 老师盛（shèng）情邀我去她家做客，并帮我盛（chéng）饭。

看 看（kān）守大门的保安很喜欢看（kàn）小说。

恶 这条恶（è）狗真可恶（wù），满身臭味，让人闻了就恶（ě）心。

舍 我真舍（shě）不得离开住了这么多年的宿舍（shè）。

假 假（jiǎ）如"六一"儿童节学校不放假（jià），我们怎么办？

间 他们两人之间（jiān）的友谊从来没有间（jiàn）断过。

参 人参（shēn）苗长得参（cēn）差不齐，还让人来参（cān）观吗？

得 你得（děi）把心得（dé）体会写得（de）具体详细些。

下蛋

请在圆环的空格中填上适当的字,使圆环上的字按箭头所指方向组成成语,且上一个成语的最后一个字要和下一个成语的第一个字重合。

1.

2.

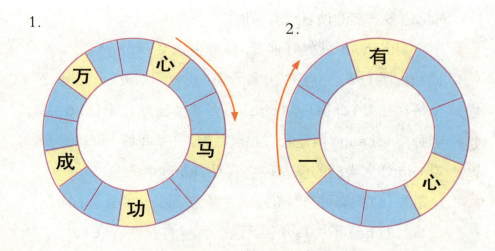

3.

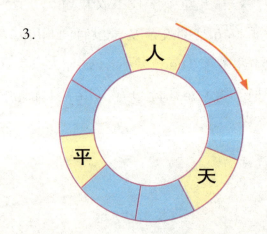

叠字家园

　　叠字，又名"重言"，指由两个相同的字组成的词语。而叠字成语，顾名思义，就是含有叠字的成语。请填一填下面这些叠字成语。

向荣　有神　欲坠　相觑　欲试　在上

是道　其谈　一息

陆游的经历

陆游是南宋爱国诗人，由于坚持主张抗金，他多次受到主和派的攻击，最后被罢了官。由于报国无门，陆游带着满腔悲愤，回到了家乡山阴。他整天把自己关在家里读书，常常伴着青灯，独坐到深夜。

四月的一天，陆游忽然想去看看二十里外的西山，于是他拄着手杖出发了。走着走着，山路渐渐弯曲起来。又走了一个多时辰，人烟渐渐稀少了。

当他登上一处斜坡，放眼望去，前面山重水复，路断人绝，好像无法再前进了。陆游兴致正浓，不肯回头，沿着山坡又走出几十步。转过山头，突然前面不远处出现了一片空旷的谷地，一个小村庄掩映在绿柳红花之中，好像传说中的桃花源。陆游很高兴，走进了这个小村庄，衣着简单、性情淳朴的村民用自己酿的酒款待了这位客人。有了这次难忘的经历，陆游重新振作了起来。

➯ 这则故事包含了一个成语，指事情突然出现了转机。你知道是哪个成语吗？

写人成语

请从给出的字中选择合适的字填入下列描写人物心理活动的成语中。

喜　　愁
怒　　惊
悲　　恐

1.

大		过	望
	天	悯	人
诚	惶	诚	
乐	极	生	
勃	然	大	
	出	望	外

2.

心		肉	跳
	不	可	遏
	发	冲	冠
	眉	不	展
	弓	之	鸟
	肠	百	结

填成语，记地名

请你先将下列成语补充完整，然后将填写的两个字连起来读一读，你会发现，它们所组成的词语恰好是我国的地名。

1.一技之 ☐ ＋ ☐ 风化雨　2.见多识 ☐ ＋ ☐ 山再起

3.声东击 ☐ ＋ ☐ 居乐业　4.奇珍异 ☐ ＋ ☐ 毛蒜皮

5.杞人忧 ☐ ＋ ☐ 津有味　6.攀龙附 ☐ ＋ ☐ 奉阴违

7.瞒天过 ☐ ＋ ☐ 辕北辙　8.后来居 ☐ ＋ ☐ 阔天空

幽默小笑话

滥用成语

我最亲密无间的爸爸：

您好！近来身体是否健壮如牛？工作是否蒸蒸日上？现在，我正奋不顾身地玩命学习。老师表扬了我的丰功伟绩，我听了之后沾沾自喜。您批评我爱滥用成语，我一定前功尽弃，卷土重来。祝爸爸万古长存！

您首屈一指的儿子

彩色世界

现实生活中，色彩无处不在，而与色彩有关的成语也有很多。请你想一想，完成下面的成语吧。

☐ 手起家　　☐ 璧无瑕　　月 ☐ 风清

☐ 道吉日　　明日 ☐ 花　　信口雌 ☐

☐ 天白日　　炉火纯 ☐　　☐ 面獠牙

花 ☐ 柳 ☐　　灯 ☐ 酒 ☐　　男 ☐ 女 ☐

☐ 胆忠心　　☐ 手空拳　　☐ 膊上阵

☐ 杏出墙　　☐ 颜薄命　　万 ☐ 千 ☐

成语里有叠字成语，请你填一填，补齐下面这些叠字成语。

风 尘 〇〇   兴 致 〇〇

不 甚 〇〇   忧 心 〇〇

仪 表 〇〇   小 心 〇〇

来 势 〇〇   言 之 〇〇

热 气 〇〇

人 才 〇〇

成语植物园

现在请到成语植物园欣赏花草树市吧。不过，你可别陶醉其中，乐而忘返哟。你要记得将下面的成语填写完整啊。

入 ▢ 三分　　　　心 ▢ 怒放　　　　火 ▢ 银花

风 ▢ 雪月　　　　风吹 ▢ 动　　　　世外 ▢ 源

打 ▢ 惊蛇　　　　▢ 暗花明　　　　百步穿 ▢

名列前 ▢　　　　负 ▢ 请罪　　　　沧海一 ▢

幽默小笑话

乱用成语

一天，老师布置了一篇作文，题目是"我的家"。

小军这样写道："我的家有爸爸、妈妈和我三个人。每天早上一出门，我们三人就分道扬镳，各奔前程，晚上又殊途同归。爸爸是建筑师，每天在工地上指手画脚；妈妈是售货员，每天在商店里来者不拒；我是学生，每天在教室里呆若木鸡。我们家三名成员臭味相投，家中一团和气。但偶尔爸爸和妈妈也会同室操戈，爸爸总是心狠手辣地揍得我五体投地，妈妈在一旁袖手旁观，从不见义勇为。"

图像成语

下列各图分别代表一个四字成语，请你猜猜看！

得得
举

（　　）

惊怪

（　　）

材用

（　　）

做题

（　　）

望张

（　　）

（　　）

幽默小笑话

不要妹妹

　　邻居阿姨生了个小妹妹。妈妈问明明想不想要个小妹妹。

　　明明说："妹妹有啥好玩的。妈妈，你给我生只小狗吧，要白颜色的。"

赵高的阴谋

秦二世时，丞相赵高野心勃勃，日夜盘算着要篡夺皇位。一天上朝时，他让人牵来一只鹿，满脸堆笑地对秦二世说："陛下，我想献给您一匹好马。"秦二世一看，心想：哪里是马，这分明是一只鹿嘛！便笑着对赵高说："丞相搞错了，这是一只鹿，你怎么说是马呢？"赵高面不改色心不跳地说："请陛下看清楚，这的确是一匹千里马，陛下如果不信我的话，可以问问诸位大臣。"

大臣们都被赵高的一派胡言搞得不知所措，一些胆小的人都低下头，不敢说话，因为说假话对不起自己的良心，说真话又怕日后被赵高所害。有些正直的人坚持认为这是鹿而不是马。还有一些平时就紧跟赵高的奸佞之人立刻表示赞同，对皇上说："这的确是一匹千里马！"事后，赵高通过各种手段把那些不顺从自己的正直大臣治罪，甚至满门抄斩。

⇨ 这则故事包含了一个成语，比喻故意颠倒是非，混淆黑白。你知道是哪个成语吗？

接龙阵

请你将下面的成语接龙阵的龙眼补齐。

1.

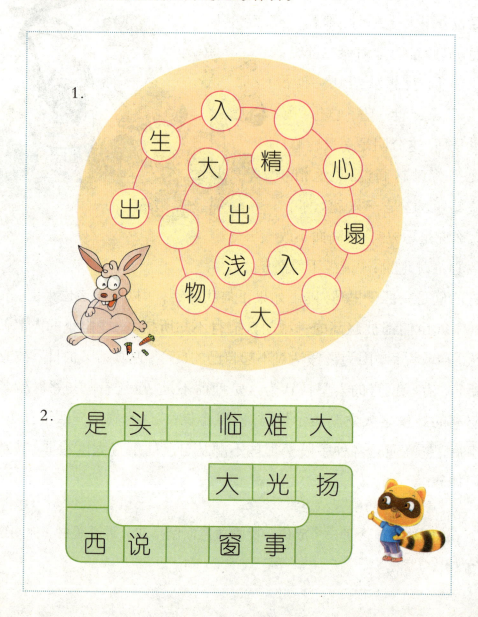

2.

是	头		临	难	大
			大	光	扬
西	说		窗	事	

李广的故事

西汉时，有一位勇猛善战的将军叫李广，他一生跟匈奴打过无数次仗，战功卓著，深受士兵和百姓的爱戴。李广不仅待人和气，还能和士兵同甘共苦。每次朝廷给了他赏赐，他首先想到的都是他的部下，总是把那些赏赐全都分给士兵们。行军打仗时遇到粮食或水供应不上的情况，他不搞特权，自己也同士兵们一样忍饥挨饿。打起仗来，他身先士卒、英勇顽强，只要他一声令下，大家个个奋勇杀敌，不怕牺牲。

汉代伟大的史学家司马迁在为李广立传时用了一个成语称赞他，意思是说，桃李有着芬芳的花朵、甜美的果实，虽然它们不会说话，但仍然会吸引人们到树下赏花尝果，以至于树下都走出了一条小路。李广将军就是以他的真诚和高尚的品质赢得了人们的崇敬。

➪ 你知道司马迁用的是哪个成语吗？

 成语寻宝

　　宝山上有金、银、铜、铁、玉等宝贝，保准让你满载而归。成语中也有这样一座"宝山"。你还等什么？赶快进入这炫目的成语世界，开始一次独特的寻"宝"之旅吧。

白 ☐ 微瑕　　　　　　鱼目混 ☐

☐ ☐ 满堂　　　　　　☐ 液琼浆

点石成 ☐　　　　　　人老 ☐ 黄

☐ 碧辉煌　　　　　　锦衣 ☐ 食

沧海遗 ☐　　　　　　中西合 ☐

 **幽默小笑话**

星星会闪

　　飞机上，一位空中小姐问一个小女孩："你知道为什么飞机飞这么高都不会撞到星星吗？"

　　小女孩回答道："我知道，因为星星会'闪'哪！"

32

懒惰的农民

　　战国时期，宋国有一个农民，他每天日出而作，日落而息。一天，他正在耕田，附近有人在打猎，吆喝之声此起彼伏，受惊的小野兽没命地逃跑。突然，有一只兔子不偏不倚地一头撞死在他田边的树桩上。当天，他把兔子带回去，美美地饱餐了一顿。从此，他便不再种田，一天到晚守着那个"神奇"的树桩，等着奇迹再次出现。

⇨　这则故事包含了一个成语，比喻妄想不劳而获，或死守狭隘的经验，不知变通。你知道是哪个成语吗？

成语里的一二三

"一、二、三、四、五、六、七,我们一起做游戏。"数字不仅在日常生活中随处可见,更是成语家族里的重要客人呢!

下面的成语中都含有特定的数字,你可以试着填一填,看自己对成语的了解有几分。

☐ 厢情愿		☐ 缄其口
☐ 花 ☐ 门		☐ 牛 ☐ 毛
☐ 番 ☐ 次		☐ 令 ☐ 申
☐ 嘴 ☐ 舌		☐ 体投地
横 ☐ 竖 ☐		☐ 面楚歌

幽默小笑话

牛为什么没有犄角

有个人路过麦田,发现有头没有犄角的牛,便问农民:"这头牛为什么没有犄角?"

农民说:"牛没有犄角的原因很多,有的因为遗传而没有,有的是因为和别的牛顶角而失去了,有的是因病脱落了。而这头,没有犄角,那是因为它是一头驴。"

爱跳的"千里马"

　　春秋时期，秦国有个叫孙阳的人擅长相马，无论什么样的马，他一眼就能分出优劣。他常常被人请去识马、选马，人们都称他为伯乐。他把自己多年积累的相马经验和知识写成了一本书，并配上各种马的形态图，书名就叫《相马经》。

　　孙阳有个儿子，看了父亲写的《相马经》以后，以为相马很容易，就拿着这本书到处找好马。他按照书上所绘的样子去找，却一无所获。他又按书中所写的特征去找，最后发现有一只癞蛤蟆有书中写的千里马的特征，便高高兴兴地把癞蛤蟆带回家，对父亲说："父亲，我找到一匹千里马，只是蹄子稍差些。"孙阳一看，哭笑不得，他没想到儿子竟如此愚笨。他幽默地说："可惜这马太喜欢跳了，不能骑呀。"

⇨　这则故事包含了一个成语，比喻机械地照老办法办事，不知变通；也比喻按照某种线索去寻找事物。你知道是哪个成语吗？

 "人"字单元

请在下面的空格里填入一个字，补齐成语。

人地生□　　待人接□

好为人□　　　　祸于人

　□里巴人　惨绝人□

　杞人忧□　　人面兽□

　　□若两人　天遂人□

　　人□一面　人财两□

　人声鼎□

杳□人迹　睹□思人

人以群□　　□人所难

　□快人心　□无古人

晋国灭吴

　　三国末年，晋武帝司马炎灭掉蜀国、夺取魏国政权以后，准备出兵攻打东吴，以实现一统天下的愿望。公元279年，晋武帝司马炎调动了二十多万兵马，任命杜预做西线指挥，将兵马分成六路，水陆并进攻打吴国。第二年就攻占了江陵，并率领军队乘胜追击。在沅江、湘江以南的吴军听到风声吓破了胆，纷纷打开城门投降。司马炎下令让杜预从小路向吴国国都建业进发。此时，有人担心长江水势暴涨，提出应该暂时收兵等到冬天再进攻。杜预坚决反对退兵，他说："现在我们接连取胜，士气大振，正需要一鼓作气。打仗好比劈竹子，只要劈开上面几节，下面各节就会迎刃而解。"晋朝大军在杜预的率领下，直冲向吴都建业，不久就攻占建业，灭了吴国。

⇨　这则故事包含了一个成语，形容战斗节节胜利，毫无阻挡。你知道是哪个成语吗？

十全十美

　　"十"是个深受人们青睐的数字，和"十"有关的成语也相当多："十全十美"表示完美没有缺陷，"十万火急"形容事情紧急到了极点……下面，你即将进入"十"的成语游乐园，在这里可以检验你对与"十"有关的成语的掌握程度，成语内的数字加、减、乘、除得出"十"也可以。你愿意接受挑战吗？

　　□牛□毛　　　　　□方□计
　　□曝□寒　　　以□当□
　　□叮□嘱　　　　　□头□绪
　　□言□鼎　　　　　□死□生
　　□差□别　　　　　□言□语
　　成□上□　　　　　□娇□媚
　　□目□行　　　气象□□
　　闻□知□　　　　　□真□确
　　□回□折　　　　　□呼□唤

成语楼梯

　　小动物只有爬到楼梯的顶层才能找到自己的好朋友一起玩，请你帮帮它，在空格里填上适合的汉字。

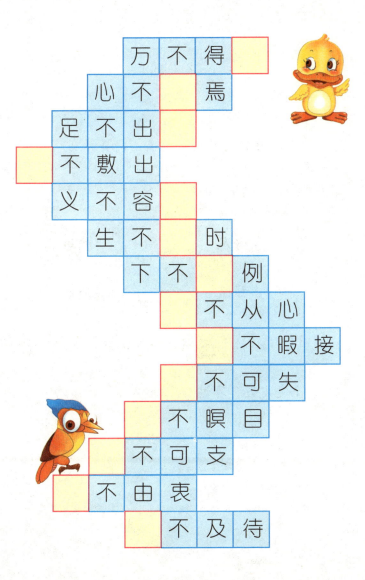

万 不 得 □
心 不 □ 焉
足 不 出 □
□ 不 敷 出
义 不 容 □
生 不 □ 时
下 不 □ 例
不 从 心
不 暇 接
不 可 失
不 瞑 目
不 可 支
不 由 衷
不 及 待

许多成语会包含人物的名字，如"愚公移山""名落孙山""毛遂自荐"等。现在，请你在下列空格内写出属于各个成语的历史人物。注意：每个成语都对应着一个有趣的历史故事，请你查查看，一定会大有收获哟！

助 ☐ 为虐　　☐ 门弄斧

☐☐ 才尽　　☐☐ 补天

☐☐ 好龙　　☐☐ 相马

☐☐ 梦蝶　　☐☐ 治水

☐☐☐ 之心，路人皆知

三个臭皮匠，赛过 ☐☐☐

成语大联欢

请你在下面的空格内填入适当的字,使每一横行都能组成一个成语。

第一组

东		西	
东		西	
南		北	
南		北	

第二组

上		下	
上		下	
左		右	
左		右	

第三组

马			
	马		
		马	
			马

第四组

虎			
	虎		
		虎	
			虎

八词盘龙

请你将下面的八词接龙方阵的龙眼补齐。

祸	不	单		云	流
横	如			一	天
来	死		心	槁	
	双	宿		影	单

文同画竹

　　北宋画家文同画的竹子远近闻名，每天都有不少人登门求画。文同画竹的秘诀在哪里呢？原来，文同在自己家的房前屋后都种上了各种各样的竹子，他还经常去竹林观察竹子的生长变化情况，琢磨竹枝的长短粗细，叶子的形态、颜色，每当有新的感受就回到书房，铺纸研墨，把心中的印象画在纸上。日积月累，竹子在不同季节、不同天气、不同时辰的形象都深深地印在了他的心中，只要凝神提笔在画纸前一站，平日观察到的各种形态的竹子就立刻浮现在眼前。每次画竹，他都显得非常从容自信，画出的竹子无不逼真传神。有位青年想学画竹，得知诗人晁补之对文同的画很有研究，便前往求教。晁补之写了一首诗送给他，其中有两句是："与可画竹时，胸中有成竹。"后来这句诗就演变成了一个成语。

　⇨　这则故事包含了一个成语，用来比喻做事之前已做好充分准备，对事情的成功已有了十分的把握；又比喻遇事不慌，十分沉着。你知道是哪个成语吗？

43

大龙护小龙

下面的方阵是一个大接龙套着一个小接龙，请你分别将这两条龙的龙眼补齐。

连连看

请用直线把上面的谜面与下面的谜底连起来。

 狗坐轿子

 一二五

 愚公的房子

 下地不穿鞋

 射箭没靶子

 脚踏实地

 开门见山

 不识抬举

 丢三落四

 无的放矢

 幽默小笑话

去谁家做客

小蜘蛛请小蚂蚁去家里做客，小蚂蚁很为难地说："我妈说了未成年人不能上网，还是去我家玩吧。"

小蜘蛛小声说："你家里人太多，我妈说人多容易发生踩踏事故！"

有趣的"六根"

人们常说"六根清净"。什么是六根呢？简单地说，就是六种感觉器官或认识能力，如：眼(视根)、耳(听根)、鼻(嗅根)、舌(味根)、身(触根)、意(念虑之根)。请你把关于"六根"的字填入下面的空缺处，组成成语。

七嘴八□　　有□无珠　　　□花缭乱

□根清净　　掩□盗铃　　嗤之以□

□不由己　　眉开□笑　　□高手低

心满□足　　□气用事　　巧□如簧

幽默小笑话

反义词

明明的妈妈到幼儿园接明明，明明看见豆豆的爸爸牵着豆豆，就问："妈妈，豆豆的爸爸怎么生了个反义词？"

"什么叫'生了个反义词'？"

"豆豆爸爸那么胖，而豆豆那么瘦，老师说'胖'和'瘦'是一对反义词。"

语文资料库

猜谜·小宝典

猜字谜其实并不难，关键是要掌握一些方法和技巧。比如，以谜面为着眼点，对汉字进行拆分和组合，就是一种最常用的方法。此外，还要充分发挥自己的想象力，把汉字的构造与生活中的事物结合起来。

合并法

合并法是最简单的猜字谜方法。我们知道，汉字中有很多字都是由几个独立的单字拼合而成的。用合并法组成的字谜，其谜底都是由两个或两个以上的单字合并而成的。其谜面还会有提示的字眼，如"合""与""并"等，我们根据谜面的提示，很容易就能猜出这类字谜。

例如：日月一齐来——"明"

"一齐来"可以理解为"加"的意思，"日"加"月"，就是"明"字。

拆字法

拆字法需要我们把谜面的合体字拆开，把拆散的部分组合成另一个字。有的谜底是把两个或两个以上的单字合成一个字，有的谜底是用部首和原字组合成新的字。有的谜面还会给我们字义或是字音的提示。

例如：明日要去听音乐——"月"

"明"去掉"日"，是"月"。而"乐"给了我们谜底字音的提示。

成语迷宫

下面的迷宫是由两条首尾相接的成语龙组成的，两个入口都能走到中心。请填一填，看看谁走得最快。

水	惜	香		乞	大	威
深			歌	尾		
火	洁	冰	妙		天	吞
	里	看	舞	山	动	气
血			起	动		忍
沸	驾	天	鸡		多	学
	云	酒		大	物	

成语巧连线

下面两列中, 左边是成语的上半句, 右边是成语的下半句, 请你用直线把搭配的成语连起来。

 星星之火　　　　 无所用心

 疑人勿用　　　　 五谷不分

 谋事在人　　　　 成事在天

 饱食终日　　　　 覆手为雨

 四体不勤　　　　 暗箭难防

 翻手为云　　　　 万夫莫开

 明枪易躲　　　　 殃及池鱼

 一夫当关　　　　 挥之即去

 城门失火　　　　 用人勿疑

 呼之即来　　　　 可以燎原

成语格子

请你在下面的空格中填上适当的字，使成语格子内横看竖看均含四条成语。

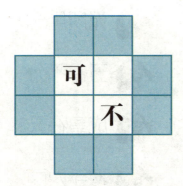

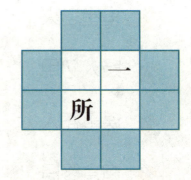

幽默小笑话

春联笑话

纪晓岚是清代著名学者、文学家。有一次，他春节回乡探亲，乡里有一家三兄弟请他写春联。他写了一副上下联为"惊天动地门户，数一数二人家"的春联，横批是"先斩后奏"。这一下可不得了，有人告了他个"犯上"之罪。乾隆皇帝得知，立即召纪晓岚回京查问，纪晓岚回道："春联是我写的没有错。这家老大是卖炮仗的，不是'惊天动地门户'吗？老二是集市上管斗的，成天'一斗，二斗……'地叫，不是'数一数二人家'吗？老三是卖烧鸡的，不是'先斩后奏'吗？"说得乾隆皇帝也笑了。

巧猜成语

在一次猜谜晚会上，主持人设计了这么一条哑谜：

桌子上摆着一座山水盆景，盆景里的假山上有一只制作精巧、栩栩如生的绸老虎。主持人要求猜谜的人通过两个无声的动作，表达出两个成语。猜中者以这个玩具相赠。

过了很久，竟没有一个人猜中。

又过了一会儿，一个聪明的小孩走过去，拿起小老虎放到桌子上，然后又放回原处，走了。

主持人高兴地追上小孩，把礼品送给了他。

⇨　想一想，这两个成语是什么呢？

没钱能买酒吗

　　从前，有个店老板叫一个伙计替他买酒，不但不给钱，还说："听说没钱也能买来酒，才叫会办事。"伙计接过酒瓶，眨了眨眼走了。不一会儿，他回来了，双手恭敬地递给老板一个空酒瓶说："老板，请。"老板接过一看，大怒："怎么没酒？"伙计却笑着说："老板请息怒，没酒也能喝出酒，才叫会喝酒呢。"

➡　你能猜出这则故事包含一个什么成语吗？

智猜成语

下列谜语的谜底均为四字成语，快来猜一猜吧！

1. 什么样的人最勇敢？ （　　　）

2. 什么样的人畏畏缩缩最可怜？ （　　　）

3. 什么样的腿最长？ （　　　）

4. 什么样的胃口大无边？ （　　　）

5. 哪种鸟在鸡群里最显眼？ （　　　）

6. 何处耍斧头最自不量力？ （　　　）

7. 从何处取物最方便？ （　　　）

8. 到哪里捞针是空想？ （　　　）

9. 最遥远的地方在哪里？ （　　　）

10. 你知道最高的人有多高吗？ （　　　）

齐王纳谏

　　邹忌是战国时齐国的一位大夫，人长得很英俊。有一天早晨，他穿好朝服，戴好帽子，对着镜子端详一番，然后问他的妻子说："我和城北徐公比较起来，谁长得英俊？"

　　"你英俊极了，徐公怎么比得上你呢？"妻子说。

　　徐公是齐国出名的美男子。邹忌听了妻子的话，并不太敢相信自己真的比徐公英俊，于是他又去问他的爱妾，爱妾回答说："徐公怎么比得上你呢？"

　　第二天，家中来了几位客人，邹忌又问客人，客人说："徐公哪有你俊美呀！"

　　又过了一天，正巧徐公到邹忌家来拜访，邹忌便乘机仔细地打量徐公，将他和自己比较。结果，他发现自己实在没有徐公英俊。于是，他想："妻子说我英俊，是因为偏爱我；爱妾说我英俊，是因为惧怕我；客人说我英俊，是因为有求于我。其实，我实在没有徐公英俊哪！"

接着，他又从这件事联想到齐威王身为一国之君，所受到的蒙蔽一定更多。第二天早朝，他就把发生在自己身上的事说给齐威王听，并劝谏说："现在齐国土地方圆千里，城池众多，大王接触的人也比我多得多，所受的蒙蔽也一定更多。大王如能开诚布公地征求意见，一定对国家有益。"

齐威王听了，觉得很有道理，就立刻下令说："无论是谁，能当面指出我过失的，受上等奖赏；能上奏章规劝我的，受中等奖赏；能在朝廷或街市中指责、议论我的过失，并传到我耳中的，受下等奖赏！"

大家听说这件事以后，纷纷前去进谏，朝廷门口每天都像市场一样热闹。

⇨ 这则故事包含了一个成语，意思是门口和庭院就像集市一样，热闹非凡；形容往来的人很多。你知道是哪个成语吗？

幽默小笑话

秀才送鹅

有个秀才，送了一只鹅给学官。

学官说："我想接受你的鹅，可又没有东西给它吃，不要饿死吗？不接受呢，又失了礼节，怎么办好？"

秀才说："请先生收下吧，饿死事小，失节事大。"

连一连

请用直线把上面的谜面和下面的谜底连起来。

口传家书

马桶倒进臭水沟

八哥的嘴

五句话分两次讲

叫花子要黄连

白骨精给唐僧送饭

吃蜂蜜说好话

月亮里的桂花树

言而无信

同流合污

高不可攀

甜言蜜语

虚情假意

自讨苦吃

三言两语

人云亦云

看图猜一猜

下面两幅图都暗含了一个成语，你能猜出来吗？

（　　　）

（　　　）

根据上句猜下句

下面给出了成语的上半句，请你把下半句填在空格里。

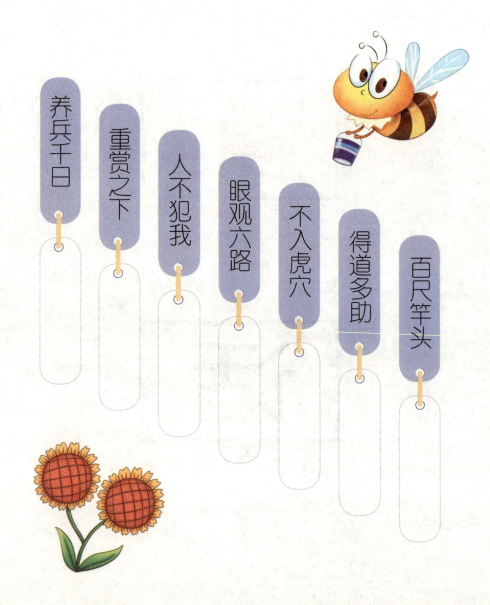

养兵千日

重赏之下

人不犯我

眼观六路

不入虎穴

得道多助

百尺竿头

选动物，填成语

请在下面的动物中，选择一个填写在每个空格里，组成成语。

马	雀	蛙	鸟	象
驴	蝉	燕	豹	犬
鹜	貉	羊	鳖	雁

沉	鱼	落
以	珠	弹
惊	弓	之
盲	人	摸
卸	磨	杀
噤	若	寒
瓮	中	之
害	群	之

骑	驴	觅	
丧	家	之	
趋	之	若	
一	丘	之	
管	中	窥	
井	底	之	
	肠	鸟	道
莺	歌		舞

十二生肖找位置

十二生肖填成语。给下面12个生肖小动物找找它们应该在的位置。

照 猫 画 🍁

贼 眉 🍁 眼

🍁 入 虎 口

单 枪 匹 🍁

攀 🍁 附 凤

庖 丁 解 🍁

杀  取卵　　 死狗烹

尖嘴  腮　　画  添足

 急跳墙　　 朋狗友

人体乐园

请在每个方阵的空格里填入一个与人体器官或部位有关的字，使得各横行分别组成一个成语。

虎	头	虎	
绞	尽		汁
肝		涂	地
	满	肠	肥

	晕	目	眩
埋		苦	干
出	人		地
大	难	临	

饭	来	张	
祸	从		出
出		成	章
	是	心	非

油	头	粉	
耳	提		命
方		大	耳
	黄	肌	瘦

	若	悬	河
交		称	赞
病	从		入
养	家	糊	

得	心	应	
心	狠		辣
拍		称	快
	不	释	卷

画	蛇	添	
手	舞		蹈
裹		不	前
	音	空	谷

	安	理	得
离		离	德
费	尽		机
利	欲	熏	

数字乐园

请在下面的括号里填入一个数字,组成成语,并符合加减乘除运算。

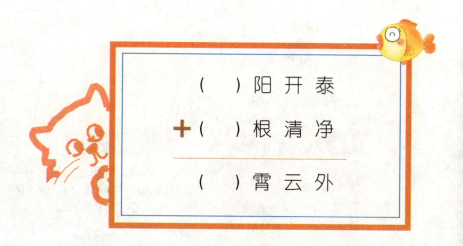

（　）阳开泰
＋（　）根清净
————————
（　）霄云外

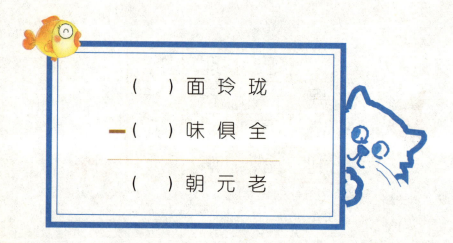

（　）面玲珑
－（　）味俱全
————————
（　）朝元老

（　）里鹅毛

✕ （　）恶不赦

（　）贯家财

（　）死不辞

÷ （　）步穿杨

（　）读不厌

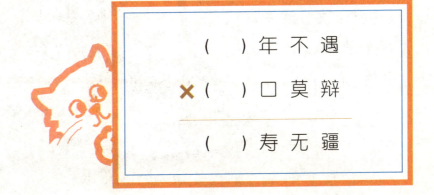

（　）年不遇

✕ （　）口莫辩

（　）寿无疆

65

趣味语文

庖丁和梁惠王

庖丁是战国时期魏国一位著名的厨师，他肢解牛的技艺非常高超。

有一天，梁惠王看庖丁拿刀分解牛的肢体，只见他手触、肩靠、脚踩、膝顶，每招每式都非常优美，牛的肢体被分解时发出的声音配合着他的动作，也显得美妙动听，就像音乐一样。看他解牛，简直就是一种艺术享受。

梁惠王看了一会儿，赞叹道："太妙了！你的技艺是怎么达到这么纯熟的地步的？"

庖丁放下刀，回答说："因为我对解牛这项工作非常热爱，所以干起来就全神贯

注。而且，我是经过了多年的探索和实践，才达到今天这种境界的。我刚开始解牛时，眼睛里看到的是整个牛，不知道应该从哪里下手。三年以后，我眼里看到的就不再是一整头牛了，而是牛的内部肌理筋骨。这样的话，我在解牛的时候，就知道哪儿是皮肉，哪儿是筋骨；下刀的时候，刀就在筋骨之间的缝隙中游动，根本就碰不到骨头。我现在就是闭上眼睛，也可以熟练地解牛，毫不费力。"

庖丁又指着自己用的刀，说："您看我这把刀，已经用了十九年了，还跟新的一样，而别的厨师，一个多月，最多一年就要换把刀。这是他们不懂得解牛的诀窍，刀老是碰到骨头的缘故。"

梁惠王听得如醉如痴，不住地点头。

⇨ 这则故事包含了一个成语，常用来比喻技艺高超熟练，发挥起来得心应手。你知道这个成语是什么吗？

幽默小笑话

骂庸医

一个庸医医死了一户人家的小孩，家长十分愤怒，便派几个小家童去庸医家辱骂。

不多久，小家童都回来了。主人怒骂道："叫你们去骂他，怎么就回来了？"

小家童答道："骂他的人太多，叫我们怎么挤得上啊？"

请用直线将左面的4幅早中晚图与右面相匹配的成语连起来。

旭 日 东 升

骄 阳 似 火

晨 光 熹 微

火 伞 高 张

日 薄 西 山

月 明 星 稀

薄 暮 冥 冥

万 籁 俱 寂

长孙晟射雕

　　唐太宗贞观年间，皇后长孙氏执掌六宫，她知书达理，仁爱待人，从不为自己的家人和亲戚谋私利。因此，举国上下都很敬重她。

　　一次，唐太宗打算任命长孙氏的哥哥长孙无忌为宰相，征询她的意见。她说："我哥哥心性太耿直，当宰相要有容人的度量，而他对看不惯的坏人坏事绝不会宽容，当宰相的素质不够。另外，他又是皇上您的亲戚，让他当宰相，影响也不好。天下贤人不少，何必一定让他做宰相呢？"

　　于是，唐太宗采纳了皇后的意见。

　　事情传出去后，长孙无忌认为妹妹的看法正确，大臣们也纷纷称赞皇后的贤德。不少人认为，皇后一定出身于诗礼传家的书香门第。事实上，长孙皇后的父亲长孙晟却是一位著名的军事将领，以骁勇善战、箭术超群而闻名，连少数民族首领都知道他箭无虚发。

有一年，西北少数民族突厥的首领摄图派人到北周求婚，周宣帝决定把赵王之女嫁给他，为了途中安全，特派长孙晟率骑兵护送。

长孙晟护送赵王之女到达突厥，摄图听说北周的神箭将军亲自护送前来，分外高兴，接待得特别隆重，并亲自出面相陪。

摄图又听说长孙晟臂力惊人，尤其是箭法超凡绝伦，便热情地邀请他一同狩猎。长孙晟听说打猎，也乐意奉陪。

第二天，两人各骑一匹骏马来到野外。当时虽是早秋，塞外却已经宛然一派深秋景象，天高云淡，水静潭清。

这时空中传来几声雕鸣，摄图抬头一看，两只大雕正在空中为争夺一块肉而激烈搏斗。摄图认为机会难得，便递给长孙晟两支箭，请他射雕。

长孙晟催动战马，弯弓搭箭，选好角度疾射出去。两只大雕被一箭洞穿而落下来，众人见了钦佩不已。

▷ 这则故事包含一个成语，形容射箭本领高强，也比喻一举两得。请你说出这个成语。

痛到隔壁

有人脚上生了疮，痛得难以忍受，便对家里人说："你们为我在墙壁上凿个洞。"

洞凿成后，那人便把生疮的脚伸进洞里，伸到邻居家里。

家人惊讶地问："你这是干啥？"

病人答道："让它到隔壁人家去痛，以后就不干我的事了。"

成语连线

请你用直线将成语的前两个字和后两个字恰当地连起来。

扭 扭	荡 荡
唯 唯	业 业
原 原	摸 摸
堂 堂	捏 捏
花 花	恳 恳
偷 偷	本 本
勤 勤	绿 绿
兢 兢	总 总
林 林	诺 诺
浩 浩	正 正

成语楼梯

小动物只有爬到楼梯的顶层才能找到自己的好朋友一起玩，请你帮帮它，在每一行的空格里填上相同的字。

成语分一分

请将下面的成语分成两类填入方框中。

好吃懒做　好逸恶劳　孜孜不倦

呕心沥血　披星戴月　闻鸡起舞

三天打鱼，两天晒网　悬梁刺股

衣来伸手，饭来张口　游手好闲

凿壁偷光　坐吃山空

描写勤奋的成语：

描写懒惰的成语：

梁鸿和孟光

梁鸿是东汉时的一个穷书生，他知识丰富，人也正派，深受当地人的尊敬。不少富贵人家都想把女儿嫁给他，但都被他拒绝了。

孟光是县里一户人家的女儿，相貌丑陋，皮肤黝黑，已经三十岁了，还没有出嫁。她父母很焦急，问她想嫁什么样的人，孟光说："我要嫁梁鸿那样贤良而又有学问的人。"

梁鸿知道以后，觉得这个孟光是个很贤惠而且很有主见的姑娘，是自己理想的伴侣，就托人到孟家提亲，把孟光娶了回去。

刚结婚的时候，孟光穿着新娘的服装，打扮很入时。梁鸿看不惯，一连七天都不理她。到了第八天，孟光脱下新装,取下金银首饰,穿着粗布衣裳,纺纱织布,下厨做饭,操持家务。梁鸿这才高兴起来,主动上前和妻子说话。

梁鸿和孟光结婚以后,先是在霸陵(今陕西西安东北)山中隐居,织布种地,读书弹琴,过着清贫而自在的日子。后来他们搬迁到了吴地(今江苏无锡),借了别人的一间屋子住下来。梁鸿天天出去帮别人舂米种地,而孟光则在家操持家务,两人共同劳动,互敬互爱,过着和睦美满的日子。

每天梁鸿干完活回到家里时,孟光都已经做好饭菜,放在托盘里,双手端着,举得跟自己的眉毛一样高,恭恭敬敬地送到梁鸿的面前。梁鸿也很有礼貌地双手接过来,然后夫妻一起享用。

⇨ 后来,人们根据这则故事,用一个成语来形容夫妻互敬互爱,你知道这个成语吗?

幽默小笑话

恨书太多

从前,有一位读书人很懒惰,他常恨书太多。有一次,他读《论语》一书,读到颜渊死这一节时,便赞赏道:"死得好! 死得好!"

有人问他为什么,他回答说:"他如果不死,再写出那么多书,我怎么读得完,累死我啊!"

 写景成语

请用直线将左面的4幅春夏秋冬图与右面相匹配的成语连起来。

莺 歌 燕 舞

天 寒 地 冻

鸟 语 花 香

骄 阳 似 火

西 风 落 叶

白 雪 皑 皑

挥 汗 如 雨

五 谷 丰 登

 春天

 夏天

 秋天

 冬天

日月星

请将"日""月""星"三个字分别填写在下图的空白处，组成成语。

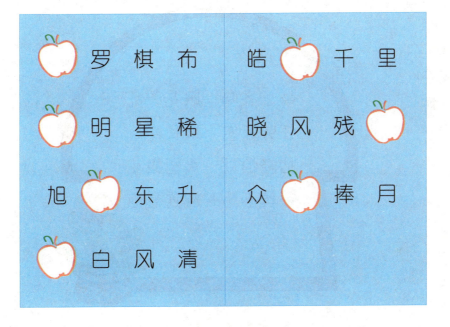

趣味语文

记事成语

请将下列成语分类，并填写在相应的横线上。

鼓乐齐鸣　眼花缭乱

任劳任怨　取长补短

拈轻怕重　火树银花

一丝不苟　流连忘返

学习方面：

劳动方面：

节庆方面：

游览方面：

填成语

请选择合适的成语填在下面各句的横线上。

① 有识之士 _____ ：一定要关注青少年的品德教育。

② 这个原始部落仍是 _____ ，靠天吃饭。

③ 凡事入乡随俗，对许多事情就不会 _____ 了。

④ 赛跑中的冲刺，是比赛的最后阶段，往往对胜负起到 _____ 的作用。

⑤ 在擂台前，小伙子暗想：自己跟着师傅学了一身武艺，今日正好跟这个擂主练练，让他 _____ 。

⑥ 中国历代的明君贤臣都知道 _____ 、倾听民意的重要性。

⑦ 改革开放以来，中国的经济建设取得了巨大的成就，值得 _____ 。

⑧ 让我们把过去的恩怨 _____ ，以后大家仍旧是朋友。

大惊小怪　广开言路　一锤定音　大书特书

知难而退　刀耕火种　大声疾呼　一笔勾销

判断对错

判断下面句子中的成语运用得是否恰当。

1.我放下书包坐到座位上，看到的是乌黑的大黑板，它好像那浩瀚的海洋，闪烁着知识的光芒；又好像那神鬼莫测的知识宝库，正等待着我们去挖掘。（　　　　　）

2.植物园里栽了许多奇花异草，有白色的牡丹、紫色的丁香、粉色的月季、绿色的龟背竹。（　　　　　）

3.金黄色的叶子枝繁叶茂地飘落下来，静静地躺在大地的怀抱里。（　　　　　）

4.不声不响的大树在夏天显得更加重要，像撑起的一把把遮阳伞。（　　　　　）

5.春天，冰雪消融，枝头吐绿，微风柔柔，鸟语花香。
（　　　　　）

6.春雨娃娃，你尽情地洒吧，是你让大地变得生机勃勃起来。
（　　　　　）

成语连线

给右边的词选择合适的成语来形容，用直线连一连。

潜移默化的	景象
炉火纯青的	场面
热火朝天的	境界
鬼斧神工的	影响
欣欣向荣的	奇观

卖枣

一天，集市上有一个卖水果的，摊子上摆满了各种各样的水果，有梨、枣子、苹果等。摊主在不厌其烦地向顾客们介绍各种水果的特点和功用。

"诸位，请看我这梨，肉嫩、色白、味甜；再请看我这枣子，饱满、色鲜、清香。诸位，本摊所卖的东西货真价实，保证你合算。"

停了会儿，他又指着水果说："奉劝诸位，最好还是每种水果都买一些。梨子吃多了，对牙齿有好处，但会损伤心脾；枣子吃多了，对心脾有好处，但会损伤

牙齿。诸位，最好各种水果都吃一些，这样才能取长补短。"

不少顾客围着摊子纷纷议论，一个说："说得有理！吃了梨，伤了心脾，让枣子来补；吃了枣子，损了牙齿，让梨来补。如果样样都吃，那就伤不着我的身体了。"

又有人说："我看还是不吃为好，吃梨补了牙齿，又被枣子损伤；吃枣子补了心脾，又被梨损伤。这样不就等于白吃了吗？"

又有一个顾客说："可以这么吃：梨，只管咀嚼，不咽下去，那就伤不着我的心脾，还益了我的牙齿；枣子，只管硬吞下去，而不咀嚼，那就伤不着我的牙齿，还补了我的心脾。"

周围的人听了他的话，便大笑起来，对摊主说："如果人们都这人这样吃枣，那么你的水果一定卖得快呀！"

⇨ 这则故事包含一个成语，比喻笼统地接受，不加分析、甄别，不求甚解。你知道这个成语是什么吗？

点灯觅菜

有一家人请客，可是没有什么菜，刚一动筷，菜就没有了。

客人："有没有灯？请借一盏来用。"

主人："要灯做什么？"

客人："没有灯，桌上的东西，我一点儿也看不见。"

选字填空

把下面的字填入空格里，组成成语。

鱼 象 犬 蝇 马 鸡 蜂
鹤 牛 狼 乌 鸟 豹 猫

	肉	百	姓
	语	花	香
风	声		唳
青	梅	竹	
	牙	交	错
	合	之	众
	牙	之	塔
	毛	蒜	皮

	头	环	眼
	头	微	利
	拥	而	上
	刀	小	试
	尽	弓	藏
	哭	老	鼠
	子	野	心
老		识	途

虫	蜗	龙	雀	虎
驹	鱼	鸿	驴	牛
鹿	鹏	鹅	兔	鸟

雕	小	技
毛	大	雪
目	混	珠
角	之	争
群	无	首
见	顾	犬
得	忘	筌
如	兽	散

鸦	无	声
谈	色	变
白	过	隙
哀	遍	野
黔	之	技
汗	充	栋
	程	万	里
	死	谁	手

成语填空

师道尊严　　同室操戈

因噎废食　　字字珠玑

后起之秀　　内忧外患

1 （　　　　　）当然要讲，但也应该提倡师生之间的平等交流。

2 刚刚从贫困的小山村来到（　　　　　）的大都市，他感到一切都那么新奇。

3 大敌当前，你怎能（　　　　　），将枪口对准自己人？

4 在改革的过程中难免会遇到许多问题，但我们不能（　　　　　），停止改革的步伐。

5 我国的体育事业发展很迅速，涌现出了大量具有发展潜力的（　　　　　）。

6 充满了（　　　　　）的中国近代历史上，中华民族所遭受的压迫与欺侮是巨大的。

7 两名主力队员轮番（　　　　　），打得对手毫无还手之力。

江郎才尽　　安营扎寨

冲锋陷阵　　闭门造车

食不果腹　　光怪陆离

8 那个时代战乱频繁，劳动人民（　　　　　）、衣不蔽体，而贵族们却依旧过着奢侈的生活。

9 写作文不能（　　　　　），好文章都是从生活中来的。

10 他曾经是个大红大紫的作家，但是现在似乎已经（　　　　　），再也没有什么重要的作品发表。

11 这本散文集篇篇锦绣，（　　　　　），令人爱不释手。

12 诸葛亮命令军队在定军山下（　　　　　）。

趣味漫画

用脑子

第三章

谜语小天地

聪明的小伙子

　　古时候，某部落有一个聪明的小伙子，他很会猜谜语。后来，他的名声传到了酋长那里，酋长决定亲自试一试他。他派人把小伙子找来，说："听说你很会猜谜，我现在有一个小谜，你猜一猜怎样？"小伙子说："不敢当！请您说吧。"酋长便说："行也坐，坐也坐，卧也坐。请猜一动物。"小伙子听后，微微一笑，说："我也有一谜，请您猜出后，我再猜您的谜。我的谜是：行也卧，站也卧，坐也卧。也猜一动物。"酋长听罢，久久猜不出来。小伙子看酋长实在为难，就提醒他说："我的谜底可以吃您的谜底。"酋长仔细一想，恍然大悟，对这个小伙子的猜谜本领十分佩服。

　⇨　**你能猜出他们说的分别是什么动物吗？**

男女有别

有一年元宵节，图书馆举行灯谜大会。主持人见到场的小朋友很多，就临时想出一道灯谜，让小朋友来猜。这道灯谜的谜面是："你在学校里，是什么样的身份？"谜底猜一个字。

谜语刚公布完，一个女生就跑到主持人面前，递给他一张字条。主持人看了，笑着说："你的答案是'甥'字吗？不对，不对。"这时候，一个男生也送来一张字条，答案同样是"甥"。主持人立即宣布："这个男生猜对了，答案是"甥"字。"女生听了，愤愤不平，大声抗议，说："不公平！刚才我写的也是'甥'字，为什么不对？"

主持人不疾不徐地解释："如果你来猜，不应该是'甥'字，因为你是女生。"

⇨ 你知道女生应该猜什么字吗？

卖画不要钱

从前有个擅长画画的道士，他的画价值千金，但是他从来不出售。这个道士有个嗜好，就是非常喜欢猜谜，有时候为了猜谜会连饭都不吃。

有一天，这个道士听说京城里人才济济，便精心画了一幅画挂到闹市里。画中画的是一只黑毛狮子狗，栩栩如生，那一身油黑发亮的皮毛更是让人赞不绝口。许多人想出高价买下来，但是道士却笑着说："我这画不卖，只是画内藏有一字，要是有谁猜中，本人分文不要，白白将画送给他。"众人一听，以为能捡一个大便宜，争相猜起来。可是他们猜了半天，谁也没有猜中。

这时，一个老翁从人群外挤了进来，将画摘下卷好，也不说话，夹起就走。道士上前问道："老丈，您还没猜呢，怎么就拿走我的画？"老翁仍不吭声，还是往外走。众人也七嘴八舌地嚷开了："嘿，先别拿画，你先说出谜底是什么！"老翁就跟没听见一样，还是不说话，只顾往前走。道士看到这里，不禁哈哈大笑道："猜中了！猜中了！"

⇨ 你知道这幅画中隐藏的字是什么吗？

莲船巧骂贪官

明初，江西有个知府，姓甘名百川，人称五道太守。他上任不久就露出了贪官本相。这一年元宵节，当地百姓用白纸糊了一条旱地莲船，游行上街。这条旱地莲船的样子可真是不一般：船前面有两个人，扮成了两头狮子，口里分别衔着一个大元宝。船旁站着五个道士，都歪戴着帽子。中间一个道士举着一根竹竿，竹竿除竿头上有点儿青色，其他部分都是黄色的。这样一支离奇的队伍，缓缓地穿过闹市，引来了许多人，人们看了都捧腹而笑。

⇨ 你能猜出这是为什么吗？

物的谜语

　　"物谜"是谜语中最常见的一种。它因字句浅显，韵律和谐，没有高深的典故却充满浓厚的趣味而深受人们喜爱。请猜出下面的物谜。

　　1. 一个布娃娃，喜欢墙上爬。玩得一身脏，屁股必挨打。（打一教学用具）

　　2. 日夜穿睡衣，躺在水泥地。全身任人踩，从来不生气。（打一交通标志）

　　3. 天生喜欢吃棉花，肚子鼓鼓如青蛙。平时很少去玩耍，只爱抱着脑袋瓜。（打一日用品）

　　4. 这个朋友真体贴，每天帮我收作业。它的工作非常累，我就背它去上学。（打一学生用品）

　　5. 出门一朵花，入门一条瓜。（打一物）

　　6. 千根线，万根线，落到河里都不见。（打一自然物）

　　7. 稀奇稀奇真稀奇，拿人鼻子当马骑。（打一物）

　　8. 身高一样长，出入都成双。酸甜苦辣味，它们总先尝。（打一日用品）

　　谜底：1.（　　　）2.（　　　）3.（　　　）4.（　　　）

　　　　　5.（　　　）6.（　　　）7.（　　　）8.（　　　）

人体谜语

　　人体的器官有很多，如果编成谜语，在自己身上找答案，是不是一件很有趣的事？下面就请你试着猜一猜吧。

　　1. 此物管八面，人人有两片。用手摸得着，自己看不见。（　　　　）

　　2. 上边毛，下边毛，中间一粒黑葡萄。（　　　　）

　　3. 红门楼，白院墙，里面坐个胖儿郎。（　　　　）

　　4. 一笔筒，两个洞，倒挂空中气流通。（　　　　）

　　5. 五个兄弟，坐在一起。有骨有肉，长短不齐。（　　　　）

幽默小笑话

性别的确定

　　母亲给儿子买了一只鹦鹉，然后乘车回家。

　　在车上，儿子问母亲："这只鹦鹉是公的还是母的？"

　　"母的。"母亲回答说。

　　"你怎么知道的？"儿子又问。

　　车上鸦雀无声，乘客个个都想听这位母亲如何回答。

　　只见她不慌不忙地答道："你没看见鹦鹉嘴上涂了口红吗？"

某次灯谜大会出了以下4个谜题，这些谜题的谜底都一样，你能猜出来吗？

1. 武侠电影（打一成语）　＿＿＿＿＿＿

2. 功夫影集（打一成语）　＿＿＿＿＿＿

3. 万户捣衣声（打一成语）　＿＿＿＿＿

4. 不停烧烧又敲敲，铁块变成薄菜刀。（打一成语）　＿＿＿＿＿

含笑九泉

　　有一次，老师为了了解一个外国留学生的中文程度，就随口问了他一些成语。

　　"你可不可以说出一个成语，来形容一个人很开心的样子？"老师出了一道题后，又说，"不过，这个成语中最好能有个数字，比如一、二、三、四……"

　　这位外国学生想了想，很高兴地说："我知道了，含笑九泉！"

　　全班同学莫不捧腹大笑。

骆宾王出字谜

唐代诗人骆宾王从小就很聪明，他七岁的时候作出了名诗《咏鹅》。长大后的他，有一次宴请好友，所有被邀请的亲朋几乎都到齐了，只有一位好友未到。原来，几天前那位好友因为一点儿小事与骆宾王产生了矛盾。骆宾王便作了一首字谜诗：

自西走向东边停，峨眉山上挂三星。

三人同骑无角牛，口上三画一点青。

在场的人都不知道怎么回事，这时，从后面挤出了一个人，原来那人就是骆宾王的好友。只见这位好友拱手说道："既然兄台如此说，那我也就来啦！"

➾ 这位好友如何猜出了骆宾王的意思而原谅了他呢？

地名谜语

下面请你来猜猜与我国的地名有关的谜语，并用直线连起来。

大江东去   武昌

银河渡口   贵阳

双喜临门   宁波

重男轻女   上海

千里戈壁   无锡

永久和平   合肥

文风不盛   天津

胖子夫妻   长沙

风平浪静   长安

金银铜铁   重庆

打猎

　　有一天，猎人出去打猎，直到天黑才回家。他的妻子问他："你今天打了几只野兽？"猎人说："打了9只没有尾巴的，8只半个的，6只没头的。"他的妻子感到莫名其妙，弄不清他说的是什么意思。后来，经过猎人解释，她才明白。

⇨　猎人到底打了几只野兽？

语文资料库

巧记量词

事物的种类不计其数，对应的量词也有很多，怎么才能记住它们呢？把一些常见的量词搭配，编成一段有规律的话，对记住量词很有帮助哟。

1.用量词搭配编写数字歌

一张白纸绘幅画，两个娃娃笑哈哈。

三辆童车地上跑，四头小牛吃青草。

五朵云彩头上飘，六棵桃树挂满桃。

七只小鸟喳喳叫，八条金鱼水中跳。

九支画笔都用上，十种颜色搭配妙。

2.用量词搭配编写故事

走了一段路，看见一棵树，树上一只鸟，叽叽喳喳叫。

登上一座山，看见一个洞，洞口有只猴，拿着一个桃。

来到一个村，看见一条狗，狗儿冲我叫，吓得我直跑。

跑到公路上，看见一辆车，掏出一元钱，买了一张票。

回到自己家，喝上一杯茶，脱下一双鞋，上床便睡觉。

父子互相猜谜

　　新年快到了,父亲高高兴兴地把儿子叫来说:"你在外面玩什么?"儿子说:"阶下儿童仰面时,清明装点最堪宜。游丝一断浑无力,莫向东风怨别离。"父亲听了说:"明天我再给你做一个,你到街上去帮我买样东西回来。"儿子问:"买什么东西?"父亲说:"能使妖魔胆尽摧,身如束帛气如雷。一声震得人方恐,回首相看已化灰。"儿子听后马上到街上买来了父亲需要的东西。

　　➡　你知道儿子在玩什么,父亲又需要什么吗?

北宋政治家、文学家范仲淹幼时勤奋好学,曾因家贫到一个寺庙借读。不知不觉间,范仲淹已在寺中苦读三年。这天傍晚,他和寺庙住持踏着夕阳余晖,到翠竹苍苍、奇石罗列的后园散步。住持触景生情,得一字谜:"竹林高高留僧处。"让范仲淹猜谜。范仲淹以诗笑答:"竹下一寺院,天天把人盼。久候人不来,空把香火燃。"住持听后,频频点头。

⇨ 你知道这是什么字吗?

忠心的侍卫

相传康熙皇帝下江南时的一天，他来到苏州城郊外，看着眼前的美景，突然问身边的侍卫："朕如果遇到危险，你怎么护卫朕？"侍卫说："我要'点点成金，打断念头'，保护皇上。"康熙高兴地说："你对朕真是忠心耿耿啊！"

⇨ 康熙听了侍卫的话为何如此高兴呢？

李白与杜甫

一年春天，李白因想念朋友杜甫，就跋山涉水到成都看望他。这天，两人在花间小酌，李白面对桌上的小菜，随即吟出一个字谜："有洞不见虫，有巢不见蜂，有丝不见蚕，撑伞不见人。"杜甫听后说："李兄之作是一个谜面，我也用同底谜面回复你：'两头尖尖像只梭，钻进泥里扎个窝，有人说它心眼少，有人说它心眼多。'"杜甫吟完，两人相视而笑。

几天后，李白要走了，杜甫满屋瞅瞅，想找点儿礼物送给朋友。最后想了想，他找出文房四宝，写道：左十八来右十一，十八十一在一起，左边给你柴火烧，右边给你粮食吃。杜甫写完，说："这首诗是一个字谜，打一字，李兄若想我，就看看这首诗吧。"

⇨ 你能猜出这两个字各是什么吗？

老农答记者

　　有位记者下乡采访，找来四位老农座谈，快结束时，记者笑问："你们一生热爱农村，那你们最关心的是什么？"一位农民说："我爱四个王字转又转。"又一位老农说："我爱四个日字肩并肩。"第三位说："我爱四个口字膀靠膀。"最后一位说："我爱四个山字尖对尖。"记者听后笑着说："原来你们所关心的都是同一个字呀！"

⇨　这是一个什么字？请你猜一猜。

吠狗不咬人

　　父子俩在林荫道上散步。突然，他们看到一条大黑狗对着他们狂吠。儿子害怕极了，赶紧躲在爸爸身后。

　　爸爸说："别怕，孩子。你知道'吠狗不咬人'这句谚语吗？"

　　"我知道，爸爸。可是那条狗知道这句谚语吗？"

苏东坡与苏小妹点菜

　　一天，佛印邀好友苏东坡和苏小妹来寺里做客。佛印是烹饪好手，问道："二位想吃点儿什么菜？"苏小妹慢条斯理地说道："你给我来个'土里生来水里捞，石头缝里走一遭，白白净净没骨头，人人爱吃营养高'。"苏东坡风趣地说："我来一盘'有根不落地，有叶不开花，都说它是菜，园里不种它'。"佛印听了笑着说："二位稍等片刻！"说罢，他就下厨房了。不久，佛印把两盘佳肴端上桌来，说："两位要的可是这两个菜？"苏东坡和苏小妹望着桌上的菜，齐声说："对！"

➡　你知道苏东坡和苏小妹点的是什么菜吗？

三人的姓氏

　　大道上驶来一辆两匹马拉的大车，车上坐着一个钓鱼的和一个挎着弓的。驾车的问："您二位贵姓？"钓鱼的抓起一条大鱼，对着夕阳高高举起，说："我就姓这个！"另一人把肩上的大弓使劲拉开，说："我姓这个！"他俩又问驾车的怎么称呼，驾车人笑嘻嘻地指着前面那两匹马，说："喏，那就是！"

⇨　你知道这三个人各姓什么吗？

妙语尝酒肉

宋朝的苏东坡与佛印和尚是很好的朋友。一天，苏东坡去金山寺看望佛印，还没有走进禅房，他就闻到了酒肉的香味。

原来，佛印不戒酒肉，性情豪放，诙谐幽默。在苏东坡来之前，佛印正

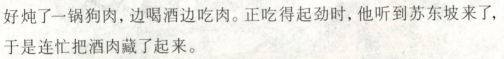

好炖了一锅狗肉，边喝酒边吃肉。正吃得起劲时，他听到苏东坡来了，于是连忙把酒肉藏了起来。

苏东坡早就看清楚了，于是决定和佛印开个玩笑："我今天写了一首诗，有两个字一时想不起来是怎样写的，所以特来请大师指点。"佛印说："好哇！是哪两个字？"苏东坡说："一个是'犬'字，一个是'吠'字。"佛印听完哈哈大笑，说："小僧还以为是什么疑难字呢！这个'犬'字的写法是'一人一点'嘛！"苏东坡又问："那么'吠'字呢？"佛印回答道："'犬'字旁边加个'口'就是'吠'了！"这时苏东坡说了一句话，佛印只好把藏着的酒肉拿了出来。

⇨ 小读者，你能猜出苏东坡说了什么吗？

猜姓名

　　从前，有两个素不相识的书生在花园里游玩，一个是高个子，一个是矮个子，他们在一个亭子里相遇了。高个子问："先生贵姓？"矮个子回答："夏商之时夜间光。"说罢也问高个子道："先生贵姓？"高个子说："颠来倒去都是头。"两个书生会意，笑着互相施礼。在石凳上坐下后，高个子又问："先生大名是什么？"矮个子说："小生名叫'老牛过板桥'。您的大名呢？"高个子说："小生名叫'大河失滔滔'。"双方互通了姓名，开始交谈起来，很快就成了好朋友。

⇨　小读者，你知道这两个人的名字吗？

辛酸的春联

贴春联的目的是庆祝节日，烘托喜庆祥和的气氛，抒发喜悦欢乐的心情。可是，在过去，有些穷人过节却如同过难关一样，越是到了春节，越显得日子难过，自然不会有欢喜雀跃的心情。因此，他们会写出颇为"另类"的春联。

比如，有一个穷人家的门上就贴过这样一副春联：

二三四五

六七八九

横批：南北

⇨ 你能猜出这副春联的真正意思吗？

不敢笑

老师："大家都在笑，为什么只有你不笑？"

学生："我不敢笑。"

老师："为什么？"

学生："您经常说'笑一笑，十年少'，我今年刚满10岁，一笑不就没了？"

老先生收徒

　　古时有三兄弟，都略通文墨，他们听说县城来了一位学识渊博的老先生，便一起前往求学。老先生说："我要考考你们，谁最聪明就收谁。"说着，老先生拿出三张纸分给他们，每张纸上都写着"一女牵牛过独桥，夕阳落在方井上"。三兄弟不知道老先生要考什么。老大灵机一动，以这几个字为命题作起文章来；老二自作聪明，以这些字为上联，对出了下联；而老三不动笔墨，待老师收卷子时，才在纸上写上自己的名字——"王文"。老先生看了卷子后，只留了老三一人当学生。

⇨　你知道老先生考的是什么吗？

纪晓岚逃惩受奖

纪晓岚天资聪颖,小时候就被称为"神童"。一年冬天,他穿着棉袄,拿着扇子,学着傻婆娘的样子在学堂里扭来扭去,逗着同学们玩。这一幕恰巧被老师看见了。

老师知道纪晓岚很聪明,便想乘机考考他。于是,他喝住纪晓岚说:"你在学堂里捣乱,本该受罚,念你平时表现良好,你若能猜中我出的字谜,不但不会被罚,反而另有嘉奖。"

听老师这么说,纪晓岚不禁精神大振,连声催促老师出题。

老师想了想,说:"四个'不'字颠倒颠,四个'八'字紧相连,四个'人'字不相见,一个'十'字站中间。"

纪晓岚低头想了想，不但没有直接回答谜底，还反问起老师来："上看像'不'，下看像'不'，不是不上，就是不下，对吗？"

老师听后满意地点点头，不但没有惩罚纪晓岚，反而奖励他一块糖。

⇨ 亲爱的小朋友，你知道他们师生二人说的是哪个字吗？

幽默小笑话

西红柿是水果还是蔬菜

一次上英语课，我正半梦半醒，老师问我："西红柿是水果还是蔬菜？"

这个我真的不知道，只好猜一个了："水果……"

老师的声音高了八度："什么？"

幸亏我机灵，赶紧说："是蔬菜，蔬菜！"

老师终于忍不住了："我是让你翻译这句话！"

谁怕谁

　　一个夏夜，大家在屋外乘凉。一个人说："我出个谜语大家猜猜吧，谜面是：长脚小儿郎，嗡嗡入洞房，欲饮朱砂酒，一拍见阎王。"一位老者笑着说："我也出一个谜语，你的谜底见着我的谜底就要跑。我的谜面是：信号一声响，红娘上跑道，一圈一圈跑完时，不见红娘不见道。"

　　"您老确实对得好。"出第一个谜语的人说。

　⇨　**你能猜出这两个谜语的谜底吗？**

厨师谜话三国

从前，有个土财主好卖弄学问。有一天，他正翻看《三国演义》，厨师走了过来，笑笑说："老爷，不瞒您说，《三国演义》是我天天必读之书。就拿今天来说吧，我炒菜缺了四样作料，全在这书里面，所以我来看看！"财主听了半信半疑，他只知道《三国演义》里写的是曹操、刘备和孙权，还没看见写有做菜用的作料呢。厨师说："东家，您听着——刘备求计问孔明，徐庶无事进曹营，赵云难勒白龙马，孙权上阵乱点兵。"财主白眼翻了半天，也没能猜出来。

⇨ 聪明的小朋友，你能猜出厨师缺哪四样作料吗？

幽默小笑话

谁是路易十四

有一次，上历史课的时候，老师问一个学生："谁是路易十四？"

这个学生回答："路易十四不就是路易十加路易四吗！"

老师听后没好气地说："你怎么不说是路易七乘路易二呢？"

奇妙的招牌

　　有一个人开了一个小店铺，为了招揽生意，他在铺前挂了一块很大的招牌，上面写道："月挂半边天，嫦娥伴子眠。酉时天下雨，读书不必言。"从挂出招牌那天起，店里的生意就十分兴隆。

⇨　你知道招牌的意思是什么吗？

月挂半边天，
嫦娥伴子眠。
酉时天下雨，
读书不必言。

孔子猜谜

　　孔子是我国春秋末期著名的思想家、教育家，儒家学派的创始人。他为人谦虚、正直，积极进取，一生都在追求建立理想的社会，被世人尊称为"孔圣人"。

　　一天，孔子到乡村去讲学，走累了，就在一口水井边休息。这时，一位老农挑着担子也来到水井边休息。老农站在井边，把扁担横放在井口上，然后对孔子说："我有一个字想请教先生。"孔子笑道："请讲。"老农朝孔子拱拱手说："请看我的动作！"孔子看了看，笑着说："这很简单，井口搁一条扁担，当然是中庸的'中'字了！"老农听后大笑，说："先生是见物不见人，你猜错啦！"孔子仔细一想，发现自己的确猜错了，他最后笑着说出了正确答案。

　　⇨　小朋友们，你们知道孔子最后说出的是哪个字吗？

趣味语文

一家三口来猜谜

　　吃晚饭的时候，小军的爸爸出了一则谜语："写起来只有两个人，看起来挂着千盏灯。行起来道路无穷远，想起来实在大无边。"小军想了想，说："我知道了。"说完，他贴在爸爸的耳旁说出了谜底。妈妈说："我也出一则谜语，你来猜一猜：有眼没有眉，有翅没有腿。长翅不能飞，无腿行千里。"小军说："这则谜语太好猜了。"妈妈问他是什么。小军说："就在咱们的饭桌上啊！"妈妈听了满意地笑了。最后，小军说："现在该你们猜我的谜语了：脑袋尖，身子长，眼睛长在屁股上。滑溜溜，亮闪闪，进出全为人争光。"这一下可把爸爸妈妈难住了。

　⇨　**你能猜出这三则谜语的谜底吗？**

三姐妹猜谜

一天晚上，三姐妹在院子里乘凉。大姐说："我出一则谜语，看你俩谁能猜着：一朵花儿怪，花枝绕干排。晴天家里栽，雨天开门外。"

二姐正想说出谜底，调皮的三妹马上插嘴说："还是先猜我一个谜吧：独木造高楼，没瓦没砖头。人在水底走，水在人上流。"二姐接上说："你俩的谜等一下猜，还是猜我的谜吧：在外肥胖胖，在家瘦长长。忙时泪汪汪，闲时靠着墙。"说完，三姐妹哈哈大笑起来。原来，三姐妹说的是同一件物品。

⇨ 你知道她们说的是什么物品吗？

农夫、渔夫与书生

在一个村子里住着几户人家，其中有一个农夫、一个渔夫，他们的邻居是两个书生。他们四个人闲暇之时总在一起聊天。一天，四人又恰巧碰到一起了，两书生就想为难为难农夫和渔夫，其中一个书生说："今天咱们猜字谜好不？"农夫说："我们两个可不如你们两个，认识不了几个字，你们可不许出过难的题呀。"书生甲说："好！"接着说了一个字谜，"一弯新月傍三星。"乙书生接道："轻舟一叶浪花溅。"农夫说："你们两个出口成章，吟诗作词，那我就来个粗俗点儿的吧——'铁锅炒黄豆，一粒在里，两粒在外'。"渔夫听罢，说："三句不离本行，那我就说说我常常见到的情景吧——'竹篮兜小虾，兜一只，跳出俩'。"

渔夫说完，四个人都开心地笑了。

⇨ 请问他们为何笑了？

伍子胥猜谜

　　伍子胥是我国春秋末期著名的谋略家、军事家。相传，伍子胥文武双全，第一次上朝时就当着文武百官的面举起了千斤之鼎，震惊了所有人。君王叫大臣们考验伍子胥的文才，可是，大家考来考去都难不倒他。这时，相国给他出了个字谜："东海有大鱼，无头又无尾。丢了脊梁骨，一去直到底。"伍子胥当即答了出来，并且也回了相国一个字谜："出东海，入西山。写时方，画时圆。"其实这两个字谜的谜底是同一个字，但相国却被难住了。

⇨　你能猜到这是什么字吗？

赠联

　　有一个财主非常吝啬，他爱钱如命，从来不舍得多花一个铜板，老百姓都叫他"铁公鸡"。

　　有一天，财主过六十大寿，所有的亲戚朋友都备了礼前来祝贺。财主眼看收了不少贺礼，不请人家吃一顿饭也确实过意不去。于是，他让管家准备了点儿饭菜，请所有来拜寿的人吃了一顿饭。吃过饭后，一个好友见财主连一副对联也没有，便买来红纸，要来笔墨，写了一副对联。上联是：一二三四五七八九十。下联是：一二三四五六七八十。横批：文口八土回。他写好后交给财主说："老朋友，我给你写了一副对联表示祝贺。"财主很高兴，马上叫儿子贴了起来。门前过往行人看了对联后无不发笑，因为这副对联实际上是一个讽刺财主的字谜，只有财主一家人不知道谜底是什么。

⇨　**你知道这副对联的意思吗？**

王安石出谜招书童

　　王安石是我国历史上杰出的政治家、文学家。相传,有一次王安石招书童,可是一连面试了几个都不合格。这一天,管家又带来一个小男孩让王安石面试。王安石问了几个问题,小男孩都回答得不错。王安石见他聪明伶俐,心里很喜欢,便在纸上写了几行字:一月又一月,两月共半边;上有可耕之田,下有长流之川;一家有六口,两口不团圆。管家看了,仔细一琢磨,终于明白了主人的意思,就把这个小男孩留了下来。

　⇨　王安石写的几行字其实是一个字谜,你能猜出来是什么字吗?

石头指路

解缙考中全县头名秀才以后，满载父老乡亲的重托，自己挑着书箱，翻山涉溪，去省府参加选拔举人的乡试。

这一天，解缙来到一处三岔路口，不知哪条路才是去省府的，他心中十分焦急。正巧，有一个牧童骑着水牛，横吹短笛，缓缓而来。解缙连忙放下肩上的书箱担子，迎上前施了个拱手礼，然后问："请问这位小弟弟，上省府该走哪条路？"那牧童见这位书生哥哥非常有礼貌，心里很高兴，心想："不知他学问如何，待我试一试！"于是，牧童翻身下牛，不声不响地走到一块大石头的后面，伸了伸头。

聪明的解缙一看，心领神会，连声说："谢谢小弟弟指路之恩！"说罢又深施一礼，然后挑起书箱，朝牧童指点的方向走去。

⇨　解缙是怎么知道方向的呢？

王老板请酒

古时候，有一位秀才好喝酒，也善猜谜。一日，他照例来到一家酒楼。王老板一见是秀才，便笑道："我出个谜你猜。"说罢吟道，"唐虞有，尧舜无；商周有，汤武无。"

秀才说："我将你的谜底也制成一谜，你看对不对：跳者有，走者无；高者有，矮者无；智者有，愚者无。"

秀才又接着说："右边有，左边无；凉天有，热天无。"

王老板说："哭者有，笑者无；活者有，死者无。"

秀才接着说："哑巴有，麻子无；和尚有，道士无。"

王老板哈哈大笑，摆出丰盛的酒菜，请秀才开怀畅饮。

⇨ 其实他们说的是同一个字，你知道是什么字吗？

自命不凡的吴知县

　　从前，有一个自命不凡的吴知县，自称"天下第一才子"。一天，他与邻县的张知县猜谜，张知县的谜面是：东南西北路条条，八万雄兵手提刀。一子一女并排坐，天上绿竹喜弯腰。吴知县思索了一番后猜了出来。他与邻乡的李秀才是好朋友，便得意地跑到李秀才家说："我今天又猜出了一个谜语，真是学富五车！"李秀才接过谜面一看，笑着说："这个谜语还是我出的呢！不过，我这里还有一个谜语，你猜猜看：两个幼儿去爬山，没有力气爬得上。归家又怕人笑话，躲在山中不肯还。"吴知县听了，一下子被难住了。

　⇨　你能猜出这两个谜语吗？

实为一字

有一天，孔子召集几个得意门生讨论一个问题。他们积极发言，各执一词。

子路说："在'上'里却不在上边，就是'下'。"

子夏说："在'下'里却不在下边，就是'上'。"

子贡说："上又不是上，下也不是下。"

颜回说："不上又不下，上里有下里也有。"

孔子说："你们所说的都对，其实是一个字，不要争论啦。"

⇨ 这是个字谜，谜底是什么？你猜猜看。

幽默小笑话

没有标点

老师正在批改学生的作文，突然他看到了一篇没有标点符号的作文。老师很生气，就把那个同学叫了过来。

老师问："你这篇《抢救亲人》的作文，怎么一个标点符号都没有？"

那个同学说道："老师，那么急的事情怎么能停顿呢？"

 改姓的财主与无赖

从前，有个姓王的清贫秀才考中了举人，乡亲们都来他家表示祝贺。

这时，从人群中钻出一个人来，一进门就拱手祝贺，说道："恭喜，恭喜！恭喜家门高中了！"旁边有人说："你不是前村的财主老爷吗？你又不姓王，怎么来攀姓王的家门？"财主厚颜无耻地说："什么呀？我若不在水边住，还不是姓王吗？"

这时，人群中又挤出来一个无赖，也上前讨好说："嘿嘿，王老爷，我也姓王，让我做您的管家，同您一道上任吧！"周围的人说："你这个无赖，为了姓王，连两边的脸都不要了呀！"

周围的人哄堂大笑。两个人为了与刚中举的王秀才套近乎，不惜把自己的姓都给改了。

⇨　小读者，你知道这两人分别姓什么吗？

 幽默小笑话

言而无信

老师："现代人爱通过网络联系，而不爱提笔写信。这种现象该叫什么？"

一学生答道："言而无信。"

王安石出谜

　　王安石访友，作谜曰："两个伙计，同眠同起，亲朋聚会，谁见谁喜。"王安石又访友作谜曰："两个伙计，为人正直，贪馋一生，利不归己。"王安石复又访友作谜曰："两个伙计，终身孤凄，走遍天涯，无有妻室。"王安石三个谜的谜底实为同一物。

➪　你知道是什么吗？

猜谜识凶

　　古时候，有一位美丽的公主被人谋杀了。皇帝知道这件事后非常伤心，就把大臣们召集起来，问他们有没有破案的线索。众大臣你看看我，我看看你，一个个露出欲言又止的神色。

　　看到他们这副模样，皇帝勃然大怒，要把大臣们关进牢房里。这时，丞相站出来说道："陛下请息怒，关于公主被杀一事，臣略知一二，但是不敢直言。现在臣出一个字谜，只要陛下猜中，就能知道凶手是谁。"

　　说完，丞相在一张纸上写下了"土、如、禾、七"四个字，只是"如"字的"口"不知何故写成了"冖"。

⇨　　你能猜到凶手是谁吗？

白居易送温暖

有一年冬天,大雪纷飞,覆盖江南。年过半百的白居易到杭州担任刺史。他听说自己手下的两名武官因公被迫在城外山寺中受冻挨饿,心里很是惭愧不安,于是,他立即叫人准备了两件大衣和酒菜,又赶回官邸从书房中取出一盒精致灵巧之物送去,上面还幽默地附了首小诗: "两国打仗,兵强马壮。马不吃草,兵不征粮。"然后,派人一路冒雪送往古刹。两个武官一见大喜,穿上厚厚的棉大衣,边吃边乐呵呵地摆开了阵势,相互"斗"了起来。

⇨　你能猜到白居易送给他们的是什么礼物吗?

一枚铜板和三菜一汤

　　古代有一位厨师，他能使烹调技术入诗入画，慕名而来的食客络绎不绝。一个秀才听说此事，有些不服气。一天，秀才身着褴褛衣衫，来到那家饭馆说："今天我身上只有一枚铜板，请准备三菜一汤。"说罢，他掏出一枚铜板放在桌上。店小二一下子傻了，一枚铜板仅能买两个鸡蛋哪，这不是成心刁难人吗？无奈之下，他只好请出厨师。

　　厨师听罢一笑："无妨，无妨，稍等片刻。"不大一会儿，店小二飞快地上了三菜一汤：第一道菜是两个炖蛋黄，碗里还放了几根绿葱；第二道菜是把熟的蛋白切成丝，放在盘里，排成一队，下面垫一片菜叶；第三道菜是一碟炒蛋白，碟正中有一个长方形图案；第四道菜是一碗清汤，上面浮着几片蛋壳。秀才见了，深表佩服。厨师说："这四道菜连起来正好是一首唐诗。"

➡️　你知道这四道菜应了哪首唐诗吗？

冬天穿夹衣

　　一个穷读书人冬天穿着夹衣。有个穿棉衣的人问他道："这么寒冷的天，为什么还穿夹衣？"

　　穷书生说："穿单衣更冷。"

水果密码

　　经过破译，敌人的密码我们已经知道了。"香蕉苹果大鸭梨"的意思是"星期三秘密进攻"，"甘蔗苹果水蜜桃"的意思是"执行秘密计划"，"香蕉广柑西红柿"的意思是"星期三的胜利属于我们"。

⇨　小朋友，你能猜出大鸭梨代表什么意思吗？

孙子戏爷爷

李大爷有两个小孙子，大的叫小敏，小的叫小明。有一天，李大爷对他俩说："你们去给我买一样东西。"小敏、小明高兴地说："爷爷，买什么？保证给您买回来！"李大爷说："好哇！就看你们的能耐了！听着，我要买的是：'兄弟两个一般高，遇事两人合作好。若有吃的它先尝，客人赴宴它先到。'"机灵的小明转了几下眼珠之后说："好吧。"拉了小敏就要往外走。细心的小敏又问爷爷："买多少哇？"李大爷说："若为月时，月儿圆。"小敏听了高兴地说："知道了，知道了。"兄弟俩手拉手出了门。

不一会儿，小敏和小明把东西买回来了，他俩也想考考爷爷。当爷爷问他俩买来了没有时，小敏说："买了，但是我俩是分着买的。我买了六的一半，小明买了十有余。爷爷，你知道我俩各买了多少吗？"爷爷笑着说："小敏买的数是三，小明买的数是十二，对吗？"小明拍着手大叫："不对，爷爷猜错了！"

➪ 请你想一想，爷爷让小敏、小明买的是什么？小敏和小明各买了多少？

134

树洞的秘密

抗日战争时期，一天，侦察员王强看见他所监视的一个汉奸突然走到村外的一棵大树下站住了。汉奸装着靠在树干上歇息，一边吸烟，一边用手在树干上摸索着。不一会儿，他就做出一副悠闲的样子，慢慢离开了。王强见他走远，就走近那棵树。王强围着树干仔细观察，发现树干上有一个被泥土堵塞的树洞，他轻轻拨落泥土，看到里面有一个纸团。他打开一看，上面写着这样四句话："主人不点头，十人一寸高。人小可腾云，人皆生一口。"

王强看过纸团，便把它又搓成一团照原样塞进了树洞，仍用泥土遮盖好，然后立刻赶回团部向首长报告。当天深夜十二时左右，十五个日本鬼子鬼鬼祟祟地钻进了我方早已布好的包围圈中，一个个束手就擒了。

⇨ 你知道纸团上字谜的谜底吗？

师徒姓什么

　　有一位教书先生，为了培养学生动脑筋、爱思考的好习惯，就做出一个规定：凡是来向他拜师的，都必须经过面试，也就是要猜一个谜语；如果猜不出来，就没有资格拜师。

　　一天，有个小孩来拜师。他先鞠了一躬，然后问教书先生："请问先生贵姓？"先生说："我的姓啊，头在水里游泳，尾在天上发光。"这个孩子脑袋瓜一转，马上猜出了这个姓。先生正感到惊奇呢，那孩子又说："您也猜猜我的姓，如果猜不出，您就不配做我的老师！"小孩大声说道："高小姐探头望，李小姐半露藏，郑小姐侧耳听端详。"幸好先生也是个猜谜高手，很快就猜出了这个孩子的姓，他连声赞叹："真是神童啊！"于是，教书先生马上收这个孩子做学生了。

⇨　你能猜到师徒俩姓什么吗？

小姑挨打

　　有一家人，家里只有三口人：哥哥、嫂嫂和一个小姑。这一天，小姑在门口做活，有一个过路人走来向她问路。小姑就热心地又说又指，把问路人打发走了。晚上哥哥回来了，嫂嫂就跟丈夫说："你得管教管教你妹妹呀，她总站在门外和过路的男人指指点点，说三道四。"哥哥一听就火了，把妹妹找来想打她一顿。妹妹委屈地说："你打我知晓，背后有人挑。因何出门来，为指路一条。"哥哥听后，才知道自己错怪了妹妹。

⇨　　后来，有人把这四句话作为谜面，来猜一样东西。你知道谜底是什么吗？

苏小妹制谜

　　有一年中秋夜，秦少游邀苏小妹同到后花园赏月。少游欲出一字谜让小妹猜，苏小妹笑道："夫君谜面中当须有'月'字。"少游道："带'月'字，易事也！娘子你且听来：夫人头戴两绣球，伴着月光户外游。先到前园赏花草，再到后河观水流。"小妹听后道："仙人草下月色挂，两点两横把人夹。看似水来非像水，眉山深处有它家。"少游听后暗自赞叹。原来，苏小妹的字谜与他的是同一谜底。

➪　你能猜出这是何字吗？

三人猜谜认同宗

三个秀才在进京赶考的路上碰到了一起，互相问起对方的姓氏来。

第一个说："山中狮子牡丹花，蜂巢千子母当家。三位一体是我姓，众卿朝拜尽荣华。"第二个说："顶天立地英雄汉，腰间横着一扁担。若是封门去种田，颠来倒去四面看。"第三个说："三人结伴进帝京，一条大路穿正中。追本溯源本一祖，三人本是同根生。"

第三个说完之后，三个人哈哈大笑起来，原来他们隐藏了半天，竟是同姓！天下同姓是一家，于是三个人快快活活地结伴赶考去了。

⇨ 想一想，这三个秀才都姓什么？

缺日月柴

一个地主喜欢夸耀自己富有，说："我家什么都不缺。"接着伸出两个手指头，说："缺少的只是太阳和月亮。"

话刚说完，仆人来报告："厨房里一点儿柴草都没有了。"

于是，他再伸出一个手指头，说："缺少的是太阳、月亮和柴草。"

三人对谜

　　一天，苏东坡、苏小妹和秦少游聚在一起。秦少游随口吟出一首诗谜："我有一物生得巧，半边鳞甲半边毛。半边离水难活命，半边入水命难保。"苏东坡一听，马上附和道："我有一物两边旁，一边好吃一边香。一边上山吃青草，一边入海把身藏。"苏小妹文思敏捷，也脱口而出："我有一物生得奇，半身生双翅，半身长四蹄。长蹄跑不快，长翅飞不起。"

⇨　　他们三人说的是同一个字，你猜到了吗？

140

神童解缙

　　解缙是明朝洪武年间有名的才子，儿时便有"神童"之称。有一次，知府巡视吉水县，路遇年方六岁的解缙。知府问："你父母是干什么的？"解缙答："慈父肩挑日月，家母手转乾坤。"知府听后愣了一会儿，然后说道："好聪明的孩子呀！"

　⇨　你知道解缙的父母是干什么的吗？

丞相出谜招女婿

　　从前有个丞相，他有一个女儿到了婚嫁的年龄，前来提亲的人把丞相府的门槛都踩破了。可丞相却认为，那些有钱人家的公子，全都是没本事的花花公子，他的女儿怎么能嫁给那种人呢？

　　有一次，丞相看到一篇文章，写得非常精彩。一打听，原来是一个叫孙义的青年写的。丞相想：如果他真的有才学，让他来做我的女婿，女儿的终身大事不就可以放心啦！他马上把孙义请来，想进一步考考他。丞相说："我请教你一个字：一字九横六竖，问遍天下不知。有人去问孔子，孔子想了三天。"孙义一等丞相说完，就说出了这个字。丞相高兴得合不拢嘴，把孙义留下来重用，又把女儿嫁给了他。

⇨　猜猜看，你知道这个谜底吗？

奸臣与螃蟹

宋朝的秦桧是中国历史上有名的奸臣之一，他以"莫须有"的罪名害死了岳飞。

有一年元宵节，当时的皇帝宋高宗赵构，下令百姓献灯。在形形色色的彩灯中，有一盏蟹灯特别吸引人。在八只蟹脚上各粘着一个字，连起来是："春来秋往，压日无光。"宋高宗站在灯前想了很久，也不知这八个字的含义。

这时，善于拆字的大臣在一旁提示说："皇上，蟹乃横行之物，百姓以此献灯，必有深意。"宋高宗沉吟半晌，便令太监把蟹灯送给秦桧。秦桧收灯看到那八个字后，勃然大怒。

⇨ 请问秦桧为什么这么生气呢？

幽默小笑话

遥控器

学校组织数学考试，允许同学们使用计算器。考场上，同学们奋笔疾书，用计算器演算各类考题。这时，突然从考场的一个角落里传来了一声惊呼："天哪，我怎么把家里的遥控器带来了！"

趣味语文

灯谜戏财主

　　古时某地有个财主,他是个势利眼。元宵佳节,各家各户都挂出写有灯谜的花灯。有一个王老汉,他平素看不惯这个财主的为人,便在家门口的花灯上写道:"头尖身细白如银,论秤没有半毫分。眼睛生在屁股上,只认罗衣不认人。"财主观灯路过,正好看见,知有所指,心里很不舒服,大骂王老汉乱出灯谜。王老汉笑着说:"这是一则物谜。"说罢,揭晓了谜底。旁观者听了谜底以后,无不拍手叫好,财主也无话可说了。

　　⇨　小朋友,你能猜出这是什么东西吗?

最精彩的拟人句

1.过了几天，小柳树的嫩芽变成了小叶子，她穿上一身浅绿色的衣服，真美!

2.春天在柳枝上荡秋千，在风筝尾巴上摇啊摇；她在喜鹊、杜鹃嘴里叫，在桃花、杏花枝头笑。

3.叮咚，叮咚，欢快的泉水弹着琴跑下山去。

4.风筝越飞越高，在空中翩翩飞舞着，我们快活地喊叫着，在田野里尽情奔跑。

5.柳树那婀娜的舞姿，是那么美、那么自然。

6.小喜鹊衔来树枝造房子，小松鼠找来松果当粮食，小青蛙在加紧挖洞，准备舒舒服服地睡大觉。

7.海参到处都是，在海底懒洋洋地蠕动；大龙虾全身披甲，划过来，划过去，样子挺威武。

8.细雨如丝，一棵棵杨梅树贪婪地吮吸着春天里的甘露。

9.当小鸟站在树枝上歌唱时，流水也应和着，发出悦耳的声音。

介绍朋友

　　一天，小李家中来了一位男性朋友和一位女性朋友，弟弟问小李："哥哥，你这两位朋友叫什么名字？"小李为了考考弟弟，就说："男性朋友和女性朋友姓名都有聚宝盆，男性朋友的姓名二字相似，只是名比姓伸出了脑袋；女性朋友姓名二字又比男性朋友姓名二字多长了两条腿。"弟弟想啊想，一直想不出来。

➪　**你能猜出这两位朋友的姓名吗？**

答体检青年

　　应征青年昨天体检完毕,今天纷纷到征兵处询问体检是否合格。征兵处里张同志见大家焦急,笑嘻嘻地拿着粉笔,在门边黑板上写了"答体检青年"五个字,却没写下文。大家看后莫明其妙。其中一个青年却说:"我们都合格了,回去吧!"

⇨　请猜一猜,这个青年怎么知道大家都合格了呢?

王冕画画

　　王冕，字元章，元代著名的画家、诗人。因为家境贫寒，十岁时，王冕就开始为本村一地主家放牛。王冕虽然家贫、生活艰苦，但聪明伶俐，勤奋好学，他经常借着附近寺院里的长明灯读书。当时的大儒韩性非常欣赏王冕的这种求学精神，便收王冕为学生，教他读书、画画。王冕非常喜欢画画，经常一边放牛，一边用树枝在沙地上画画。

　　一天，地主外出散步时发现王冕正在画画，便阴阳怪气地说："我说一样东西，你必须马上给我画出来，如果画不出来，就不许你吃饭！"接着，地主摇头晃脑地说，"小小一条龙，须长背又弓。生前没有血，死后浑身红。"王冕并没有被地主的谜难倒，他立即把谜底画了出来。

⇨　聪明的小读者，你知道王冕画的是什么吗？

此为何物

　　某国王不但专制独裁，而且喜欢新的东西。有什么新东西他一定要先拿到手，而且为了使其他人不和自己同时用相同的东西，他甚至谕令子民："在我买下新东西的一个月内，任何人绝对不可以购买该物品。"但唯有一种物品是国王买下之后立刻要求他人快去买的。

▷　请问此为何物？

在我买下新东西的一个月内，任何人绝对不可以购买该物品。

149

动画乐园

《蓝精灵》

导演：拉加·高斯内尔

影片简介

　　漫画《蓝精灵》是1958年由比利时漫画家皮埃尔·库利福德创作的。1981年，美国全国广播公司购买版权，制作并播放了美国版的《蓝精灵》动画片。2011年，真人演出加上3D动画的电影《蓝精灵》在美国首映，后来在世界各国陆续上映，全球票房累计达5.6亿美元。

剧情简介

　　这部影片讲述的是：邪恶的格格巫突然闯进精灵村庄，受惊的蓝精灵慌忙躲避，误闯神秘石洞，在奇异的蓝月亮的照耀下，竟然穿越来到纽约中央公园。一众蓝精灵寄居在一对年轻夫妇的家中，他们活泼伶俐，搞得屋主晕头转向却又无计可施。精灵们的首要任务就是避开格格巫的追捕并返回精灵村庄。因此，他们要在纽约这座"大苹果之城"展开冒险……

第四章

诗海趣味多

诗句重排

唐代诗人赵嘏写过一首诗《江楼感旧》：

独上江楼思渺然，

月光如水水如天。

同来望月人何处？

风景依稀似去年。

有人认为，这首诗的结尾意境不深。于是，此人便将此诗四句的顺序作了一番调整，调整后的结尾果然情调、韵味与之前大不相同，把怀念友人的那种苍凉的心境很好地表现了出来。

⇨ **请问，此人是如何将原诗重新安排的？**

从容不迫

有个酒鬼，一闻到酒香就跟丢了魂似的。

一次，他在朋友家喝酒，已喝了很久，忽然乌云遮空，马上要下雨了。仆人催他道："早点儿回家吧。"

他说："就要下雨了，怎能回去？"

雨一停，仆人又催道："可以走了。"

他说："雨停了，还急什么。"

吴用智赚玉麒麟

《水浒传》中记载了这么一个故事：梁山好汉想要"赚"卢俊义（绰号"玉麒麟"）上山入伙，军师吴用利用卢俊义对"血光之灾"的惶恐心理，对外说卢俊义在自家墙上写了一首诗，并让人四处宣传。结果这首诗成了官府治罪的证据，终于把卢俊义"逼"上了梁山。这首诗如下：

芦花丛里一扁舟，
俊杰俄从此地游。
义士若能知此理，
反躬逃难可无忧。

⇨ **你能看出其中的蹊跷吗？**

153

马鞍藏雄心

明隆庆年间辛未会试，江阴举人袁舜臣准备进京参加考试，在出门之前，他在马鞍上题了一首诗：

六经蕴藉胸中久，一剑十年磨在手。

杏花头上一枝横，恐泄天机莫露口。

一点累累大如斗，掩却半妆何所有。

完名直待桂冠归，本来面目君知否？

一路上，大家都觉得奇怪：此人为什么要在马鞍上题诗呀？后来，苏州举人刘王咸看到了这首诗，大呼袁舜臣此次赶考志在必得。

⇨ 你知道刘王咸为什么这么说吗？

姓甚名谁

　　清朝，有一位秀才上京赴试。他在书院遇见一些文人正在谈论诗文，大家问他姓名，他当即作诗一首：

　　李白诗名传千古，

　　调奇律雅格尤高。

　　元明多少风骚客，

　　也为斯人尽折腰。

⇨ **请问，你知道这个秀才姓甚名谁吗?**

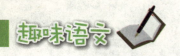

 数字谜语诗词

我国宋代有一个著名的才女叫朱淑真。其夫外出经商，久居外乡不归，另宠新欢，朱淑真得知后，知道团圆无望。她悲愤无比，经日寄幽怨于诗词，写下了一首愤懑决绝的《断肠迷》：

下楼来，金钱卜落；问苍天，人在何方；

恨王孙，一直去了；咒冤家，言去难留；

悔当初，吾错失口；有上交，无下交；

皂白何须问；分开不用刀；

从今莫把仇人靠；千里相思一撇消！

整首词写得悲愤凄绝，首尾一气，句句表达分道扬镳之意。有意思的是，这首词的每一句都是一个字谜，巧妙地依序构成十个数字。

⇨ **亲爱的朋友，你看出来了吗?**

巧找诗句

　　下图据传为宋代诗人秦少游所写的一首回环诗。全诗共14个字，读出来共有4句，每句7个字，你能写出这首诗吗？

古诗密码

　　从前，有个人在地里挖到一只金属盒子，盒子没有锁，却怎么也打不开。细看盒盖上的圆形字盘，上面刻着二十个字：春生此国物多君豆愿红；枝来采发南几最相撷思。此人颇识诗书，知道这是用一首古诗组成的密码。他依着诗句顺序，终于把盒子打开了，得到了盒内的珍宝。

　　⇨　你知道这首古诗是什么吗？

語文資料庫

巧用成语的谐音广告语

1. 某灭蚊器广告：默默无蚊（闻）。

2. 某自行车广告：乐在骑（其）中。

3. 某饭店广告：食（十）全食（十）美。

4. 某止咳药广告：咳（刻）不容缓。

5. 某热水器广告：随心所浴（欲）。

6. 某口服液广告：口蜜腹健（剑）。

7. 某保温杯广告：有口皆杯（碑）。

8. 某饮料广告：饮（引）人入胜。

9. 某加湿器广告：湿（师）出有名。

10. 某眼镜广告：一明（鸣）惊人。

11. 某电脑软件广告：码（马）到成功。

巧妙的回环诗

宋朝著名女词人李清照和她的丈夫赵明诚志同道合，经常一起吟诗作词。一次，赵明诚挖空心思写了一首七言回环诗（排列形式如图1），李清照读后，不假思索，当即提笔也写了一首七言回环诗（排列形式如图2）。赵明诚一看，心中暗暗佩服。

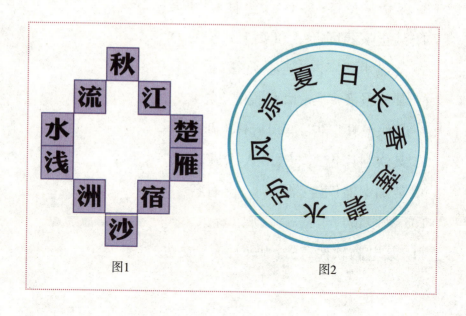

图1

图2

➪ 你能将这两首诗读出来吗？

明朝嘉靖二十四年（1545年），全国水旱成灾，物价飞涨，民不聊生，百姓的日子过得极其艰难。杭州人金珊，在除夕夜戏作了两首荒年诗。

一首是：

年去年来来去忙，

不饮千觞与百觞。（觞：盛酒器）

今年若还要酒吃，

除去酒边酉字旁。

另一首是：

年去年来来去忙，

不杀鹅时也杀羊。

今年若要杀鹅吃，

除去鹅边鸟字旁。

⇨ **你能猜出这两首诗要表达什么意思吗?**

陆羽有谜难孟郊

"慈母手中线，游子身上衣。临行密密缝，意恐迟迟归。谁言寸草心，报得三春晖。"这首唐诗你一定背诵过吧。

它是谁写的呢？对啦！是孟郊。孟郊和陆羽十分要好，平时彼此经常走访，有时也爱互相出谜逗趣。

夏天的一个傍晚，孟郊又来到陆羽的隐居处。孟郊正要进院门，陆羽却把他拦在门口。陆羽笑着对孟郊说："且慢进屋，我上午刚作了一则诗谜考小书童，可他到现在也未猜出谜底。你来得正巧，猜猜看，也请你斧正斧正！"

孟郊一听，说："好哇！说来听听。"陆羽随即吟道："一语言罢水清清，两人墙头看分明。三人牵头缺角牛，人在草木丛中行。"

吟罢陆羽又说道："每句各猜一字，四字可连成两句话。"孟郊略加思索，便对正巧从里屋出来的书童唤道："搬凳！上茶！"陆羽一听，便知孟郊已将此谜猜出，随即吩咐书童上茶，并将孟郊迎至院中凉亭坐下，二人开怀畅饮。

⇨ 聪明的小读者，你能猜出这两句话来吗？

怪体诗如何读

下面这首诗被称为"八山叠翠诗"，是明代邹景和所作。试试看，你会读吗？

山山

远隔

山光半山

映百心塘

山峰千乐归山

里四三忘已世

山近苏城楼阁拥山

堂庙旧题村苑阅疑

竹禅榻留庄作画实

丝新醉侑歌渔浪沧

石碑诗

在湖南常德桃花源景区遇仙桥头的石碑上刻着一首七言律诗，现录于下。这49个汉字，任你顺吟倒咏，它们都是读不通的。这首诗有一定的规律性，找出规律，问题便迎刃而解了。请你开动脑筋读一下。

观	机	而	作	尽	忘	机
道	诗	静	惟	闻	钟	时
归	赋	织	女	会	鼓	得
冠	又	郎	牛	佳	响	到
黄	琴	弹	底	期	停	桃
少	移	斗	星	觉	始	源
棋	象	下	人	仙	彼	洞

药谜难不倒神医

华佗是三国时期的名医，他医术高明，学识渊博。

一日，曹操有心请华佗为自己治病，只是不知其是否有真才实学，就想先考考华佗。经过一番考虑，曹操写了下面这首四言诗送给华佗：

胸中荷花，西湖秋英。晴空夜明，初入其境。

长生不老，永远康宁。老娘获利，警惕家人。

五除三十，假满期临。胸有大略，军师难混。

接骨医生，老实忠诚。无能缺技，药店关门。

乍看起来，这些诗句好像是在批评和指责华佗无能，可是华佗看了之后，却自言自语地说："丞相这是在考我呀！"

他略加思考，便挥笔行墨，一口气写下了十六种中草药的名字。曹操看后大喜，说："果真是有才能的人哪！"

⇨ 你知道曹操的诗句包含了哪些中草药名吗？

童诗重组

这里有一首童诗——《春天》,它虽只有五句话,却将春天写得极为活泼、热闹。可现在它的句子顺序被打乱了,你能帮春姑娘重组一下吗?请按正确的顺序将句子的字母标号填写在下面的空格内。

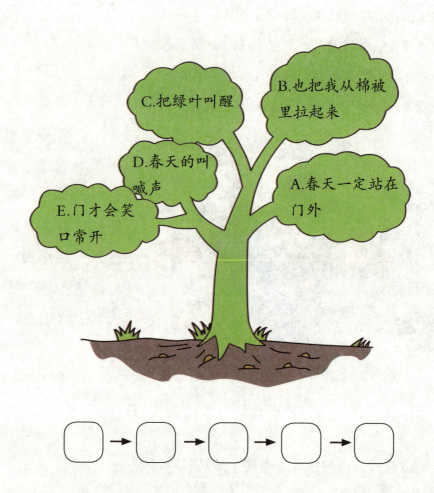

C.把绿叶叫醒

B.也把我从棉被里拉起来

D.春天的叫喊声

A.春天一定站在门外

E.门才会笑口常开

☐ → ☐ → ☐ → ☐ → ☐

组词拼诗句

下图每个空格里只能填一个字，这个字与横行相邻的三个字组成一个词，然后将所填的十四个字组成两行诗，并说出诗名和作者。

诗句：＿＿＿＿＿＿　　诗名：＿＿＿＿＿＿

＿＿＿＿＿＿　　作者：＿＿＿＿＿＿

	风	得	意	水	天	一	
	载	而	归		林	艺	术
紧	要		头	百	年		遇
支	持	不			马	当	先
节	外	生			光	满	面
柳	眉		眼	别		心	裁
筑	成	人			龙	去	脉

 填成语，学古诗

　　下面的每个成语都缺少一个字，请你正确地填写出这些字，并将所填写的字连起来写在下面的横线上，你会发现它们原来是一首古诗！

□日做梦	重见天□	□依不舍
泰□鸿毛	同归于□	信口雌□
口若悬□	□木三分	沧□桑田
应对如□	□擒故纵	理屈词□
万水□山	□应外合	一□十行
强中□有强中手	□行下效	一心□意
□出不穷	海市蜃□	

_____　　_____

_____　　_____

冯梦龙巧戏算命先生

明朝崇祯年间，冯梦龙任福建寿宁知县。他为官清廉，关心民生，被当地百姓称为清官。

有一天，冯梦龙决定深入百姓生活，体察一下民情，于是他装扮成普通老百姓的样子，在县城里来回转着。走着走着，他看见街口围着一群人，走近一看，原来是一个自称张半仙的算命先生正在算命，骗人钱财。

冯梦龙决定教训一下这个骗钱的人，便说："你自称半仙，看来算得一定很灵。我有四句诗谜念给你听，你猜猜看这是什么字？"说罢，冯梦龙便吟道，"上无半片泥瓦，下无立锥之地。腰间挂着葫芦，满口阴阳怪气！"

张半仙一听，立马收起卦摊溜了。

⇨ 冯梦龙的诗谜说的是个什么字呢？

不能说太细

曹操为了调动士兵的积极性，谎称前面有处梅林，梅子正熟。众将士立即口水直流，一路疾驰而去，终不见梅子，于是有人熬不住了，问："丞相，您说的梅子在哪里啊？"

曹操大笑道："这事不能说得太细。"

爆笑图片

看清楚了，我是狗狗

生活的烦恼

你相信我能看到吗

超人归来

第五章

趣联对对碰

巧获安宁

　　有个书生叫安宁，学习非常勤奋，一有空就看书。可院里的几个同窗就不同了，他们放学后常常闯进安宁家折腾，搅得安宁成天不得安宁。安宁烦透了，又不好直接赶他们走。

　　后来，安宁终于想出了个主意，他在自己的屋门两旁贴了一副对联：古月门中市，言青山上山。那几个捣蛋鬼看见了这副对联，一琢磨，意识到自己成了不受欢迎的人，就不好意思再去打搅安宁了。

⇨　你知道这副对联是什么意思吗？

改联气官人

从前，有户官宦人家权高势重，为霸一方，非常不得民心。过年时，为了炫耀他家的权势，这户人家就在朱漆大门上贴了一副对联，上联是"父进士子进士父子皆进士"，下联是"婆夫人媳夫人婆媳皆夫人"。这事让一个穷秀才知道了。一天，他趁夜深人静，拿笔在上联相同的三个字上各描了一笔，在下联相同的三个词上各添了三笔。经过这样一改，原来对联的意思就完全变了。次日清晨，这家官老爷一出门，看见改过的对联，当时就气得昏倒在台阶上。

➡ 你知道这个秀才是怎么改对联的吗？

难倒唐伯虎的题

　　一天，大才子唐伯虎闲暇无事，到郊外散步。他正在田埂上走着，只见一位老农夫挑着一担泥迎面走来，唐伯虎想让路，又很为难。原来田埂不宽，两边都是水田，两人因此僵持不下。于是，老农开口说："我出个对子你来对，对得上，我让路；对不上，你让路。"唐伯虎笑着点了点头。老农开口道："一担重泥拦子路。"唐伯虎一听，愣了半天，一时答不上来，只得脱鞋下水，为老农让路。原来，这是一个隐字对。

⇨　**你知道老农的对子是什么意思吗？**

析字出对

　　相传某地有个王老头很会对对联，附近一位朱秀才见他长得普普通通，颇有些不以为然。一日，秀才登门便言："王老者一身土气。"王老头一听，笑了笑说："既然朱秀才这么喜欢析字，那老朽就对一个吧。"于是对了个"朱先生半截牛形"。秀才听后又气又恼，但也暗自佩服王老头的才智。

⇨　**你知道这副对联是怎么析字的吗?**

语文资料库

形容心情的常用成语

1. 形容高兴的成语：

眉开眼笑、兴高采烈、心花怒放、喜上眉梢、喜出望外、欢天喜地、欣喜若狂、手舞足蹈、喜气洋洋、喜不自胜、喜形于色、喜笑颜开、眉飞色舞……

2. 形容愤怒的成语：

暴跳如雷、火冒三丈、怒气冲冲、勃然大怒、怒不可遏、怒火中烧、怒发冲冠……

3. 形容悲伤的成语：

肝肠寸断、痛不欲生、心如刀割、黯然神伤、泣不成声、悲恸欲绝、触景伤情、呼天抢地……

4. 形容害怕的成语：

惶惶不安、毛骨悚然、心惊肉跳、心惊胆战、惊魂未定、惊弓之鸟、心有余悸、提心吊胆……

除夕贴对联

除夕时，家家门外都要贴对联。由于王羲之的字写得太好了，写了很多副对联贴上后都被人取走了。于是，他写了这样一副对联：

福无双至　祸不单行

这么不吉利的对联，当然没人敢要了。

岂料快到子时时，他叫儿子在后面各添了三个字，遂成妙联一副。

⇨　你知道他添了哪些字吗？

苏小妹试新郎

新婚之夜，苏小妹欲试新郎秦少游之才，将秦拒之门外并出上联：闭门推出窗前月。秦少游左思右想不得其对，徘徊于长廊。苏东坡见状，虽替妹夫着急，却又不便代劳。突然，他灵机一动，捡起一块石头，投进盛满清水的水缸里。秦少游听到"扑通"一声，顿时领悟，下联脱口而出。苏小妹闻声大喜，急忙迎进新郎。

⇨ **你能对出下联吗？**

幽默小笑话

还要换回来

小明和妹妹一起坐公交车去上学。车上人很多，小明刚找到一个座位坐下来，妹妹就拿着一块巧克力对坐着的小明说："哥哥，我用巧克力换你的座位。"

小明看到妹妹手中的巧克力，口水都快流出来了。他马上接过妹妹手中的巧克力，把座位让给了她。小明正准备剥开吃，妹妹说话了："别吃，下车后我还要换回来呢。"

解缙气富豪

家藏万卷书　　门对千根竹

　　明人解缙，家门对着一个富豪家的竹林。除夕时，他在门上贴了一副春联：门对千根竹，家藏万卷书。富豪见了，就叫人把竹子砍掉了。解缙便于上下联各添一字，富豪看了更加恼火，下令把竹子连根挖掉。解缙暗中发笑，在上下联又各添一字，富豪气得七窍生烟。

⇨　**你知道解缙是怎么加字的吗？**

才女嫁豺狼

据说，古代有个大官亲自送儿子赴考场应试。可是，这个公子因为不学无术，胸无点墨，竟将"才郎"写成"豺狼"，"权也"写成"犬也"，别字连篇。考官将其试卷评为六等。这个公子才貌双全的妻子得知，羞愧得无地自容，一怒之下竟自尽了。考试结束，考官拜见大官，方知这个公子是大官的儿子，马上将其试卷改为一等。次日，此事传开，有知情者看到这个大官的门上贴了一副对联："权门生贵子，才女嫁才郎"，便用这个公子考试时所写的错字悄悄改了对联。人们看了拍手叫好，都为大官的儿媳无辜遭累而深感惋惜。

➪ 你知道这个知情者是怎么修改的吗？

朱元璋题联龙兴寺

安徽凤阳的凤凰山下有个寺庙，朱元璋幼时家贫，曾经在这个寺庙里当过和尚。他当了皇帝后，便命人整修寺庙，并改名龙兴寺，还为寺庙题了一副对联：

大度能容，容天下难容之士。

慈颜善笑，笑世上可笑之人。

后人在这副对联的基础上改了两个字，贴在了一尊大肚罗汉旁边，立意非常贴切。

⇨ 你知道后人是怎么改的吗？

吕布救貂蝉

貂蝉家着火了，貂蝉被困在浓烟滚滚的屋内，正在绝望的时候，只见吕布突然冒着火冲进去，于是貂蝉得救了。事后，貂蝉感激涕零地对吕布说："奉先呀，太感谢你了，为了救我，你一定费了不少力气吧？"

吕布："哎，可不是吗？整条街的人都想救你，我好不容易才把他们都打跑了。"

祖孙巧对对联

清代名士蒋焘小的时候，因为才思敏捷，蜚声乡里。

有一天，他的爷爷带他到一座庙里玩。蒋焘从高高的台阶上往下跳，三蹦两跳跳到了下边。爷爷见了，笑着说：

"三跳，跳下地。"

蒋焘在下边一抬头，正好看见树上有只小鸟"扑棱"一声飞上天去了，他马上对了一句。爷爷听了很高兴，连连赞好。

⇨ 你知道蒋焘是怎么对的吗？

佛印与苏小妹相戏

一天，苏东坡和佛印谈论佛事，佛印大谈佛法无边。苏东坡的妹妹苏小妹在帘子后面偷听着，便想将他一军，于是写了一句拆字联，叫使女拿出去，交给苏东坡。东坡一看，连说："有意思，有意思！"便念给佛印听：

"人曾是僧，人弗能成佛。"

佛印见苏小妹挖苦自己，怎能甘心认输，经过一番思索，终于对上了这个拆字联。他把联写出来，交给了苏东坡，苏东坡看后又给了苏小妹，苏小妹一看，佛印说她是奴婢，很是生气。

⇨ 你知道佛印是怎么写的吗？

苏东坡改对联

苏东坡年少时天资聪颖，他广读诗书，博通经史，又长于作文，因而受到人们的赞赏，自矜之情亦随之而生。

一日，他于门前写下一联："识遍天下字，读尽人间书。""尽"与"遍"

对，活画出苏东坡当时的自傲之心。孰料，事过几天之后，一鹤发童颜之老者专程来苏宅向苏东坡"求教"。他请苏东坡认一认他带来的书，苏东坡满不在乎地接过一看，心中顿时发怔，书上的字他一个也不认识。心高气傲的苏东坡亦不免为之汗颜，只好连连向老者道不是，老者含笑飘然而去。苏东坡羞愧难当，决定发愤读书，于是跑到门前，在那副对联上各添上两字，乡邻看后都连连称赞。

⇨ 你知道苏东坡添了什么字吗？

解缙智救灾民

明朝初年，江苏兴化一带闹水灾，田里颗粒无收，百姓们只好用树叶充饥。皇上派了一位大臣前去察访。钦差大臣刚到兴化，就在路上撞见了两个醉汉，他十分恼火，认为兴化人并不穷，他们没吃的，哪来的粮食酿酒？没有酒，哪来的醉汉呢？于是想不察访就直接回京。随同地方官多番请求，钦差大臣态度还是很蛮横，傲气十足地指着醉汉对县官说：

"要救济也可以，不过你们这里的人必须对出我的对子。"说罢，他念道：

"红绿交加，醉汉不知南北。"

消息传开，县衙门前来了不少书生、秀才跃跃欲试，当时，年仅十岁的解缙也在场。他一听，便一只手拿着一根快要黄了的麦秆，另一只手拿着一株嫩绿的秧苗，急忙闯进门去。

解缙往钦差大臣面前一站，说："恕小童冒犯，下联已经对出来了。"钦差大臣盯着解缙，感到莫明其妙。解缙用快要黄了的麦秆和嫩绿的秧苗比画比画，拍拍自己的身子说，这个就是我的下联。经解缙解释，钦差大臣点点头说："你对得好，我很佩服。我立刻就回京禀告皇上，放粮救灾民。"

⇨ 小朋友，你能从解缙的动作中猜出下联吗？

妙讽洪承畴

　　明末大臣洪承畴素以忠节自诩，故在厅堂的正中央亲书一联："君恩深似海，臣节重如山。"后来，他在松山一战中败于清军，被俘后降了清朝。这时，有人看他变节，便在这副对联的末尾各添一字，对洪承畴的"忠节"进行了妙不可言的讽刺。

⇨　你知道加了哪两个字吗？

语文资料库

写信的要求

写信时，在格式和内容方面，要注意以下几点：

1. 称呼要在第一行顶格写起，后加冒号，冒号后不再写字。称呼和后面的署名要对应，明确自己和收信人的关系。

2. 正文中首先要对收信人进行问候，然后有条理地写上自己想告诉对方的事情。

3. 写完正文，要另起一行空两格，写上表示敬意、祝愿或勉励的话，作为书信的结尾。

4. 署名要写在正文结尾后的右下方，然后在署名的下方注明写信的日期。

5. 和写作文一样，写完信后一定要认真修改，以免出现错误。

改联救命

有一年秋天，郭沫若到南海普陀山游览，在梵音洞口拾得一个笔记本。他打开一看，扉页上写了一副非常伤感的对联：

年年失望年年望

处处难寻处处寻

横批：春在哪里

再翻一页，是写于当天的绝命书。郭老看后，心急火燎，马上让秘书去寻找笔记本的主人，从字迹上看，主人很可能是个少女。

秘书和随行的几个人费了好大的劲才找到这个少女。她叫李真真，因为高考落榜、爱情受挫，她萌发了轻生的念头。

只见郭老取出钢笔，在笔记本上将下联和横批各改了几个字，少女看到对联后十分激动，把绝命书撕了个粉碎，对郭老说："谢谢您！我要在人生的道路上勇敢地走下去。"

➩ 你知道郭沫若先生是怎么改对联的吗？

茶酒续佳话

广东人喜欢饮茶，大大小小的茶楼遍布城乡各地。以前广州惠爱路上有一家茶楼，名叫"妙奇香"。茶楼的老板为了招徕顾客，别出心裁地在茶楼的门口悬挂了一副对联的上联，公开征求下联，联曰：

"为名忙，为利忙，忙里偷闲，饮杯茶去。"

联语一经挂出，立即吸引了许多过往行人，可日子一天天地过去了，却没有人能对出合适的下联来，前来饮茶的人也渐渐少了。老板心里着急，但又没有什么办法可想。

有一天，店里来了一位客人，一进门便要了一壶香茗，一边品茗，一边盯着门前的上联凝视不语。突然，他问道："这句上联是谁人所写，为何没有下联？"老板说："上联是我所出，至今已经几个月过去了，无人能对出下联！客官也懂对联？何不当场赐教赐教呢？"茶客慢条斯理地端起茶碗。片刻，他抬起头来招呼老板："拿笔来！"备好笔墨纸砚后，只见茶客提起笔来，一气呵成写下下联。在场的人见了，无不啧啧称赞。店老板更是乐不可支，连忙叫店小二给茶客送上一壶好酒。

⇨ 你知道他对的下联是什么吗？

下面一副对联的上下联各缺六个字，然而这几个字恰好又隐藏在对联中。细心的小读者，你能找出来，将这副对联补充完整吗？

□中有戏□中有文识□者看□不识□者看□

音里藏□调里藏□懂□者听□不懂□者听□

小辈嘲讽洪承畴

　　洪承畴以明朝重臣身份降清，连他的乡里人也看不起他。有一年谷雨时节，他回到福建泉州老家，寂寞难耐，便拉来一位同族兄弟下棋。洪承畴难得高兴，棋下得很顺手，想起当天正是谷雨，便拈着胡须吟诵道：

　　"一局妙棋，今日几乎忘谷雨。"

　　那位小辈看了看他，缓缓地对出下联，洪承畴听了，脸涨得通红。

⇨　你知道那位小辈的下联是如何对的吗？

小的和大的

　　晚上，儿子已躺在床上，他请求妈妈："妈妈，给我一个苹果吧！"

　　"孩子，太晚了，苹果已经睡觉了。"

　　"不，小的也许睡了，但大的肯定还没睡呢！"

趣味语文

少爷过年

　　从前有个少爷,平日里吃喝玩乐,游手好闲,把他父亲留下的遗产都花光了。临近年关,他家连柴米也没有。除夕夜,这个穷困潦倒的少爷写了一副对联自嘲,并贴于门口:

　　行节俭事,过淡泊年。

　　村里有位老学究念后,慨叹不已,在上下联的联首各加上一字,少爷看了连连称是。

➪　你知道老学究加的是哪两个字吗?

嘲相士

　　清代有个相士，本领不大口气却不小，自诩熟读相术经典，并且天生一双神目，能断人穷通寿夭，不差分毫。他嫌嘴上吹吹不过瘾，就干脆写了副对联贴在门上。联曰：几卷书，谈名谈利；一双眼，知吉知凶。

　　有位好事者见相士吹牛太离谱，心中有气，就乘着黑夜，在对联上各加了三个字。第二天，这个相士成了大家嘲笑的对象。

⇨　你知道好事者是怎么加字的吗？

193

动画乐园

《快乐的大脚2》

导演：乔治·米勒

影片简介

　　《快乐的大脚2》由乔治·米勒执导，华纳、Village Roadshow和Animal Logic公司联手制作。企鹅马布尔和葛洛丽娅有了儿子艾瑞克。艾瑞克为了逃避跳舞而出逃，但是，当马布尔的王国面临危险时，艾瑞克在父亲那里明白了智慧和勇气的意义。

剧情简介

　　企鹅国的掌权者马布尔事业兴隆、家庭和睦。但是它也有自己的苦恼——它那个体弱、瘦小的儿子艾瑞克对舞蹈有着天生的恐惧。为了逃避跳舞，艾瑞克从家里逃了出来。途中，艾瑞克碰到了一只叫作玛蒂·斯文的企鹅，这只企鹅在马布尔的王国里掀起了轩然大波，马布尔的国王宝座也险些不保。不过，在面对更大的敌人时，全体企鹅表现出了令人难以置信的团结。马布尔在危急关头召集起了所有的动物——从最小的磷虾到巨大的海象——抵抗外敌。艾瑞克在这些事件中看到了父亲的勇气和胆略，并最终理解了父亲的良苦用心。

第六章

俗语、谚语、歇后语

 亡羊补牢

从前，有一个牧民养了几十只羊，他白天放牧，晚上就把羊赶进一个用柴草和木桩等物围起来的羊圈内。一天早晨，这个牧民去放羊，发现羊少了一只。原来，羊圈破了个窟窿，夜间有狼从窟窿里钻了进来，把一只羊叼走了。邻居劝告他说："赶快把羊圈修一修，堵上那个窟窿吧。"他说："羊已经丢了，还去修羊圈干什么？"他没有接受邻居的好心劝告。

第二天早上，他去放羊，发现羊又少了一只。原来，狼又从窟窿里钻进羊圈叼走了一只羊。这个牧民很后悔没有接受邻居的劝告，及时采取补救措施。于是，他赶紧堵上那个窟窿，又从整体上进行加固，把羊圈修补得结结实实的。从此，这个牧民的羊就再也没有被狼叼走过。

牧民的故事告诉我们：犯了错误，遭到挫折，这是常见的现象；只要能吸取教训，及时采取补救措施，就可以避免继续犯错误，遭受更大的损失。

之后就流传出了这样一个歇后语：亡羊补牢——_____。

➪ **你能猜出这个歇后语吗？**

和动物相关的歇后语

你能填填以下和动物相关的歇后语的后半部分吗?

1. 二虎相争——(　　　　　)

2. 翻身的王八——(　　　　)

3. 狗脸上长毛——(　　　　)

4. 狗头上戴眼镜——(　　　　)

5. 黑瞎子叫门——(　　　　)

6. 瘦死的骆驼——(　　　　)

7. 猴子看书——(　　　　)

8. 黄牛的肚子——(　　　　)

9. 黄鼠狼借鸡——(　　　　)

语文资料库

名人的奇思妙答

音乐家西贝柳斯同一位批评家在公园散步,这时小鸟在枝头婉转歌唱,批评家说:"它们才是这世上最有才能的音乐家。"不一会儿,一只乌鸦飞来,西贝柳斯说:"它才是最优秀的批评家。"

妙批:要想得到别人的尊重,首先要学会尊重别人。

收获:中国有句古话,叫作:"以其人之道,还治其人之身。"意思是说,用对方对付自己的招数去还击对方。这种方法虽然简单,但却非常有效。

已出版两部小说的作家安妮与爱好文学的麦克争论着:"不,麦克,你根本不知道什么是小说。因为你连一本小说也没有写过。"麦克说:"我不曾生过鸡蛋,但蛋的味道如何,我比母鸡清楚。"

妙批:没创作过作品的人同样能够分清作品的好坏。

收获:在与他人沟通的时候,巧妙运用类比的修辞手法,不仅能够直观形象地说明问题,还能展示自己的人格魅力。

歇后语补充

你能填写出下面歇后语的后半部分吗?

1. 正月十五看花灯——(　　　　　)

2. 白布进染缸——(　　　　　　)

3. 白水煮冬瓜——(　　　　　　)

4. 踩着鼻子上脸——(　　　　　)

5. 长江后浪推前浪——(　　　　　)

6. 太平洋的警察——(　　　　　)

7. 吃了三天斋就想上西天——(　　　　　)

8. 吃人不吐骨头——(　　　　)

9. 吃桑叶吐丝——(　　　　　)

10. 吃剩饭长大的——(　　　　　)

11. 此地无银三百两——(　　　　　)

抱着琵琶进磨坊

战国时期，有一个叫公明仪的音乐家，他的琴弹得非常好，听过他弹琴的人没有不被他的琴声打动的。

一天，有个朋友对公明仪说："你的琴艺再高，如果对牛弹琴，也是没有什么用的。"公明仪说："动物和人一样，也是有知觉、有感情的，怎么能说对牛弹琴没有用呢？"

为了验证自己的话，公明仪和朋友一起来到牛棚里。公明仪在牛棚里摆上琴，拨动琴弦，给棚里的老黄牛弹起了最高雅的乐曲——《清角之操》。公明仪弹了很久，老黄牛始终无动于衷，只是低着头一个劲儿地吃草。公明仪想："这支曲子可能太高雅了。"于是，便弹起民间小曲来，可老黄牛仍然毫无反应，继续悠闲地吃草。公明仪不明白牛为什么对自己的演奏无动于衷。过了好久他才明白，牛不理会他并不是因为他的演奏很糟糕，而是因为牛听不懂也欣赏不了这种曲调。于是，公明仪用琴模仿蚊蝇的叫声以及小牛犊寻找母牛哞哞叫的声音，牛立刻摇着尾巴，竖起耳朵，走来走去地听了起来。

后来，人们根据这个故事编写了"抱着琵琶进磨坊——_____"这句歇后语，用来比喻说话不看对象或对愚蠢的人讲深奥的道理。

瞎子摸象

　　很久以前，几个盲人听说国中运来了一头大象，很是好奇大象长什么样子。可是他们什么也看不见，就想亲手摸一摸象，也好知道象究竟是什么样子的。几个盲人被人引领到大象跟前，可大象实在太庞大了，他们几个人有的摸到了大象的鼻子，有的摸到了大象的耳朵，有的摸到了大象的牙齿，有的摸到了大象的身子，有的触到了大象的腿，还有的抓住了大象的尾巴。

　　过了一会儿，有人问道："你们现在知道大象是什么样子了吗？"盲人们都说知道了。摸到象鼻子的人说："大象又粗又长，就像一根管子。"摸到象耳朵的人忙说："不对不对，大象又宽又大又扁，像一把扇子。"摸到象牙的人说："大象像一根大萝卜！"摸到象身子的人说："大象明明又厚又大，就像一堵墙一样嘛。"摸到象腿的人也发表意见道："我认为，大象就像一根柱子。"最后，抓到象尾巴的人慢条斯理地说："你们都错了！依我看，大象又细又长，活像一根绳子。"盲人们谁也不服谁，都认为自己一定没错，就这样吵个没完。这个故事就是人们常说的"瞎子摸象——＿＿＿＿＿＿＿"，形容某些人只凭片面的了解或局部的经验就对事物妄加猜测，难以做出全面的判断。

康熙题匾

相传康熙下江南时，来到了杭州，他四处游山玩水，吟诗题字，非常惬意。这一天，他在杭州知府的陪同下来到了灵隐寺。灵隐寺住持乘机乞请康熙皇帝为灵隐寺赐题寺名。康熙皇帝乘着酒兴，挥毫泼墨起来。康熙原想题"灵隐寺"三个字的，但是由于饮酒过多，握笔的手有些浮，落笔一快，白纸上马上出现了一个大大的"雨"字，占了大半张纸。而灵隐寺的"灵"字的繁体字写法是"靈"，在"雨"字下面还有三个"口"和一个"巫"。由于上面大半张纸给"雨"字占去了，下面的三个"口"与一个"巫"就写不下了。这可如何是好？如果重新写一个，这皇上的脸面往哪儿搁呀？康熙只好停笔，思索片刻，写下了"雲（云）林禅寺"四个大字。住持不解其意，康熙解释道："这地方天上有云，地下有林，你们说说看，叫它'云林寺'是不是比'灵隐寺'更贴切、形象？"康熙的这番巧妙解释为他写错字找到了一个合理的借口。"雲（云）林禅寺"四个大字从此便被做成牌匾挂了上去。这个历史典故后来演化为歇后语"康熙题匾——_____"。

井底的蛤蟆

　　从前，有一口井里住着一只蛤蟆。它独霸一井，逍遥自在，仰天俯地，成天望着井沿的那一方天空和水土，慢慢地就唯我独尊起来。一天，它抬头看到井沿有一只大鳖。大鳖来自东海，长途跋涉，有些累了，便想找个地方休息休息。

　　蛤蟆邀请大鳖说："你住东海？没听说过，它有多大呢？你老先生过来瞧瞧，它是不是有我居住的水井宫这么大呢？何不随我跳入井内，来享受生活呢？"大鳖平生从未见过水井，听蛤蟆把它吹得天花乱坠，就想：姑且见识见识也无妨。大鳖没料到，自己左脚还没有伸进井内，右脚已被井栏绊住了——原来这口水井的上方还没有大鳖的壳大。而大鳖住的东海呢？一眼望过去，东海上白浪翻滚，水波连天，浩渺辽阔。九千里的遥远，不足以形容它的大；八千尺的高度，不足以测量它的深。蛤蟆根本无法想象出它到底有多大。

　　后来，人们就用"井底的蛤蟆——_____"这句歇后语来形容见识短浅的人。

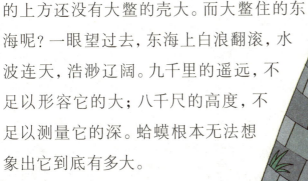

 填填植物歇后语

植物也可以放到歇后语中, 试着填填以下歇后语的后半部分吧。

1. 八里庄的萝卜——(　　　　)

2. 白菜长心——(　　　　)

3. 抱着葫芦不开瓢——(　　　　)

4. 城墙上的草——(　　　　)

5. 稻草包黄鳝——(　　　　)

6. 稻草人放火——(　　　　)

7. 发了霉的葡萄——(　　　　)

8. 葫芦里卖药——(　　　　)

9. 花心萝卜充人参——(　　　　)

10. 黄豆煮豆腐——(　　　　)

11. 火烧栗子——(　　　　)

12. 酱缸里的茄子——(　　　　)

13. 棉花垛里跌死人——(　　　　)

14. 晒裂的葫芦——(　　　　)

15. 霜打的茄子——(　　　　)

煮豆燃豆萁

一代枭雄曹操是个多子的人，在他众多的儿子里面，最为出名的就是曹丕、曹植。曹植才华出众，曹操死后，曹丕日夜担心曹植有一天会来争夺自己的帝位，就经常找借口刁难曹植。

一次，曹丕宣曹植进宫，对他说："父王在世时，经常夸奖你诗作得好，文思也来得快。现在，我就限你在走七步的时间内作出一首诗来。作得出来便罢，若作不出来，决不饶恕！"曹丕本以为七步之内成诗是一件不可能完成的事，没想到曹植听了他的话之后，踱了几小步便对曹丕说："启禀王兄，诗已作好。"

随后，他满怀悲愤地吟诵了起来："煮豆燃豆萁，豆在釜中泣。本是同根生，相煎何太急？"曹植用拟人的手法，描绘了燃烧豆萁煮豆时豆在锅中翻滚的情景，既准确尖锐地道出了兄弟相逼的现实及自身惨遭迫害的悲痛处境，又不露半点儿痕迹。曹丕听后，也颇为所动，认为自己做得确实有些过分，便放了曹植。

这个故事后来演变出歇后语"煮豆燃豆萁——_____"，形容本来关系亲密的人因为利害冲突而互相残杀。

 历史人物歇后语

　　以下都是有关一些历史名人的歇后语，你能根据自己所掌握的常识填填下面的歇后语吗？

　　　　1. 安禄山起兵——（　　　　　）

　　　　2. 霸王请客——（　　　　　）

　　　　3. 半路上杀出个杨排风——（　　　　　）

　　　　4. 包公的尚方宝剑——（　　　　　）

　　　　5. 包公断案——（　　　　　）

　　　　6. 程咬金上阵——（　　　　　）

　　　　7. 崇祯上吊——（　　　　　）

　　　　8. 楚霸王种蒜——（　　　　　）

　　　　9. 慈禧太后听政——（　　　　　）

　　　　10. 东郭先生救狼——（　　　　　）

　　　　11. 范进中举——（　　　　　）

　　　　12. 韩信点兵——（　　　　　）

　　　　13. 姜子牙娶媳妇——（　　　　　）

　　　　14. 狸猫换太子——（　　　　　）

　　　　15. 鲁班的手艺——（　　　　　）

周瑜打黄盖

三国时期，周瑜正为想不到办法让曹操相信自己的手下诈降是真心投靠而苦恼时，他手下的大将黄盖求见，表示愿意以皮肉之苦换取曹操的信任，从而实现成功接近曹军连环船的目的。

第二天，周瑜召集众将商议退敌之策，命令诸将各领三个月的粮草，准备进攻。黄盖则大唱反调，说道："别说三个月，就是三十个月，也不起作用，不如投降算了。"周瑜假装勃然大怒，喝令左右将黄盖推出去斩首。后来，在众将的苦苦哀求之下，周瑜免去了黄盖的死罪，罚脊杖一百。当打到五十杖时，黄盖皮开肉绽，鲜血直流，昏死过去好几回。在场的官员看到这惨状，再次苦苦求情，周瑜这才装出余恨未消的样子，退回帐中。随后，黄盖成功诈降曹操，孙刘联军以弱胜强，火攻曹操，击败了他的百万大军。

由此演变出歇后语"周瑜打黄盖——＿＿＿＿＿＿"，形容双方做某事是两相情愿的。

狗咬吕洞宾

　　吕洞宾是中国古代神话传说中的"八仙"之一。在成仙之前，吕洞宾有个同乡好友叫苟杳。苟杳家境贫寒，吕洞宾常请他到自己家中居住，并鼓励他刻苦读书。

　　一天，吕洞宾家里来了一位姓林的客人，这位客人见苟杳一表人才，读书用功，便想把妹妹许配给苟杳。吕洞宾怕苟杳因婚姻耽误了前程，连忙推辞，但苟杳非常愿意。考虑到朋友的意见，吕洞宾最后还是同意了，但他乘机提出要求：成亲之后，我要先陪新娘子睡三宿。闻听此言，苟杳咬牙答应了。苟杳成亲的当天晚上，吕洞宾闯进屋来，也不说话，只是坐在桌前灯下埋头读书。林小姐等到半夜，只好自己和衣睡下，连续三天皆如此。新娘询问，苟杳思索半天，才醒悟过来，笑道："原来哥哥是怕我贪欢而忘了读书，用此法来激励我！"于是感激地说道，"吕兄此恩，我们将来一定要报答！"

　　几年后，苟杳果然金榜题名做了大官。而那年夏天，吕家不慎失火，家产瞬间化为一堆灰烬。吕洞宾想找苟杳帮忙。然而，苟杳虽然对吕家非常同情，却始终不提帮忙的事，吕洞宾一气之下回了家。谁知，吕洞宾回家一看，家里已经盖好了新房。可新房大门两旁贴着白纸，屋内停着一口棺材，妻子披麻戴孝正在替自己守孝。原来前天中午，有一大帮人抬着一口棺材进来了，说吕洞宾在苟杳家病死了。吕洞宾一听，知道是苟杳玩的把戏。他走近棺材，操起一把大斧将棺材劈成两半，却见里面全是金银珠宝，上面还有一封信，写道："苟杳不是负心郎，

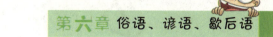

路送金银家盖房。你让我妻守空房，我让你妻哭断肠。"

从此，吕苟两家更加亲热。这就是俗话常说的"苟杳吕洞宾——
＿＿＿＿＿＿"的由来，因为"苟杳"和"狗咬"同音，所以逐步演化为
"狗咬"。

我把虫妈妈接来了

四岁的小儿子跑进来，神气地让妈妈看他手上的一条毛毛虫。妈妈随口说了
句逗孩子玩的话："快把它弄到外面去吧，它妈妈一定在找它呢。"

儿子转身走了出去，一会儿又进来了，手上爬着两条毛毛虫。他说："我把
虫妈妈接来了。"

填填歇后语

试着填填下面歇后语的后半部分。

1. 病好郎中到——（　　　　　）

2. 裁缝做嫁衣——（　　　　　）

3. 丑媳妇见公婆——（　　　　　）

4. 大姑娘当媒人——（　　　　　）

5. 大姑娘的心事——（　　　　　）

6. 恶人先告状——（　　　　　）

7. 草把做灯——（　　　　　）

8. 聋子的耳朵——（　　　　　）

9. 狗头军师——（　　　　　）

10. 姑娘爱花，小子爱炮——（　　　　　）

11. 和尚买梳子——（　　　　　）

12. 皇帝的女儿——（　　　　　）

13. 叫花子搽粉——（　　　　　）

14. 叫花子打了碗——（　　　　　）

15. 气象大学毕业的——（　　　　　）

16. 丈母娘看女婿——（　　　　　）

语文资料库

学习绕口令

读绕口令对学习普通话很有帮助，我们平时要注意搜集一些绕口令并练习。

1. 小柳和小妞

路东住着刘小柳，路南住着牛小妞。刘小柳拿着大皮球，牛小妞抱着大石榴。刘小柳把大皮球送给牛小妞，牛小妞把大石榴送给刘小柳。牛小妞脸儿乐得像红皮球，刘小柳笑得像开花的大石榴。（《小柳和小妞》可帮助我们分清"n"和"l"两个声母。）

2. 四和十

四是四，十是十，十四是十四，四十是四十，谁能说准四十、十四、四十四，大家都来试一试，谁说十四是四十，就打谁十四，谁说四十是十四，就打谁四十。（《四和十》可以帮助我们分清平舌音"s"和翘舌音"sh"。）

3. 扁担和板凳

板凳宽，扁担长，板凳比扁担宽，扁担比板凳长，扁担要绑在板凳上，板凳不让扁担绑在板凳上，扁担偏要板凳让扁担绑在板凳上。（《扁担和板凳》可帮助我们区分"an"和"eng"这两个韵母。）

水仙不开花

　　从前，有一个富翁，他有两个儿子。富翁死后，他的大儿子见弟弟愚笨可欺，便只分给弟弟一块荒石坝，将父亲留下的其他财产据为己有。见弟弟的生活很艰难，玉帝决定将水仙花交给弟弟种植，以帮助这个忠厚而又可怜的人。为了防止其他的人仿种，玉帝对水仙花种施了一个咒语。被施了咒语的水仙花种，只有种在弟弟的那块荒石坝上才会开花；移往别处种植的，只当年开花，过一年，任凭怎样悉心栽培，也不会开花了。

　　于是，弟弟把水仙花种满了整个石坝。当年，石坝上就开满了馥郁醉人的水仙花，引得很多人纷纷前来购买种子。由于水仙花的种子种

在其他的土地上只能开一年的花，所以人们必须每年都向弟弟购买种子，弟弟因此赚了许多钱。他哥哥看着眼红，便也栽培水仙花，可他栽培的水仙花却都是只长叶子不开花，等到叶子枯萎后，根部留下个蒜头大的球，让哥哥白忙活一场。

如今，人们常常拿"水仙不开花——_____"这句歇后语来比喻人装糊涂或者装腔作势。

岂有此理

一次科举考试，有个读书人夸耀自己一定能考中，便对人说："我夜里梦见鼓乐吹吹打打，原来是有人送报喜的匾额到我家里来。"

他的朋友取笑道："不错，我夜里也梦见有报喜的匾额送到你家，匾额上还有四个字呢。"

读书人问："四个什么字？"

朋友答："岂有此理。"

八仙过海

相传，蓬莱仙岛上的牡丹盛开时，白云仙长邀请八仙前往观赏。八仙返回的途中，正路过滔滔东海，只见海面上白浪滔天，波涛汹涌。吕洞宾说："平日里咱们八仙都各有本领，难分高下，今天咱们不如用各自的宝贝过海，比试一下，你们看好不好？"众仙都说："好！"于是，八仙就把各自的法宝拿了出来，施展本领开始比赛。

铁拐李把背后的葫芦抛入海中，宝葫芦变大，像一叶小舟浮在水面上。铁拐李坐在葫芦上，用手中的拐杖做桨，平平安安地到达了对岸。汉钟离把自己手中的大芭蕉扇往海里一扔，袒胸露腹地躺在扇子上，向远处漂去，也稳稳当当地渡过了东海。何仙姑则将一朵荷花往水中一抛，自己伫立在荷花之上，荷花随波漂流，一会儿就到了对岸。接着，吕洞宾、韩湘子、曹国舅、张果老、蓝采和也都用自己的法宝做渡船，一个个平平稳稳地渡过了东海。

这就是歇后语"八仙过海——_____"的由来，它比喻集体中的个体各自拿出本领，互相竞赛，共同完成任务。

鲁班门前弄大斧

春秋战国时期，鲁国人鲁班是一个拥有着非常高超的建筑和雕刻技术的人，民间历来把他奉为木匠的始祖。传说，他曾用木头制作了一只五彩斑斓的凤凰，这只凤凰不但颜色艳丽，而且能够在空中飞翔三天不落。还有传言说，他造出的木头人能够劳动，他造出的灯台点燃后可以分开海水，他制作的墨斗拉出的线可以弹开木头，他甚至可以在一夜之间建起三座桥，等等。由此可见，鲁班的技艺不是一般人所能及的。

鲁班的名声如此之大，技艺如此之高，如果有人在他的面前卖弄使用斧子的技巧，自然是一种愚蠢可笑的行为。

明代诗人梅之焕就曾在他的《题李白墓》一诗中讥讽过类似的行为。当时，梅之焕到长江边的采石矶上凭吊李白，发现有不少人在这里自命不凡地题了诗，其中的一些实在是糟糕透顶。于是，他感慨道："采石江边一堆土，李白之名高千古。来来往往一首诗，鲁班门前弄大斧。"

后来，人们就用"鲁班门前弄大斧——_____"这句歇后语来讽刺那种在行家面前卖弄本领的行为。这句歇后语也可以用来做自谦之辞，表示不敢在行家面前卖弄自己的本领。

秀才不出门

传说很久以前，有兄弟二人，哥哥是一个秀才，读了许多书，古今中外、天文地理没有他不知道的；而弟弟却一个字也不认识。

因为哥哥的学问大，村里的人不管有什么事情都来请教他。弟弟看了很不服气，就在心里想：我一定要找一件哥哥不知道的事情来难难他才行。

第二天天还没有亮，弟弟就出去了，他翻山越岭，走了很远的路。太阳落山了，弟弟走到一座大森林里，四周都是茂密的树，看不见一户人家，弟弟只好在树底下找了一个地方睡觉。睡着睡着，他看见树上有两盏灯，这两盏灯很亮，还传出了狗叫声。他觉得很奇怪，决定等到第二天去树上看看那到底是什么东西。

终于等到天亮了，弟弟抬起头一看，好大的鸟哇！他从来没有看见过这么巨大的鸟。他小心翼翼地爬上树，那只大鸟飞了起来，翅膀还发出金灿灿的光呢，真是漂亮极了。弟弟看见大鸟的窝居然是用灵芝草铺的，里面还有几个四四方方的鸟蛋。这真是太奇怪了，他想，这种鸟哥哥一定不认识。于是，他就带了一个鸟蛋回去准备难为哥哥。

弟弟乐颠颠地回到家里，迫不及待地把鸟蛋拿到哥哥那里去，问："哥哥，哥哥，我找到一个奇怪的大鸟蛋，是四方形的，你知道这是什么鸟的蛋吗？"

哥哥看见了大鸟蛋，笑着说："这是金翅大鹏鸟生的蛋。金翅大鹏鸟的窝是用灵芝草做的，它生的蛋是四方形的，叫起来的声音很像狗吠，它的两只眼睛像灯笼一样又大又明亮，翅膀金光闪闪的。它住在森林里，在古树上做巢。没错吧？"

弟弟一听，哥哥说的一点儿也没错。他很奇怪，哥哥整天不出门，怎么会知道呢？于是就问哥哥："你又没有见过，是怎么知道的呀？"

哥哥说："弟弟，书上有许多东西，读了书，即使不出门，也能知道天下的事情。"

弟弟知道了读书的好处，从此以后就也跟着哥哥一起读书写字了。

后来，这个故事就演变出"秀才不出门——＿＿＿＿＿"这一俗语。

幽默小笑话

妙计

诸葛亮丢了街亭，只好独守空城，不过山人自有妙计，孔明做了精心部署，只等司马懿大军杀到。司马懿看到一座不设防的空城，顿时疑惑起来，正迟疑间，忽然其身后响起一阵呼喊声："司马懿，你妈妈喊你回家吃饭。"司马懿掉头就走，边走边喊："回家吃饭喽！"

机不可失

唐初的军事家李靖，为李渊建立唐王朝出过力。李渊当皇帝后不久，李靖上书奏请平定盘踞在江陵的萧铣政权。李渊采纳了他的提议，命他率军前去讨伐萧铣。

公元621年，唐军开抵夔州。萧铣认为正值秋汛期间，江水上涨，唐军必不敢进入危险的三峡地区，因此没有作任何防备。

唐军将领们对是否要在此时渡三峡也是看法不一。许多将领认为，在水涨时渡江太危险，希望水位下降后再进兵。但是李靖认为兵贵神速，现在时机难得，不可错过。

赵郡王李孝恭打算出击，但李靖考虑到对方的文士弘是一员猛将，一时很难打垮他，建议等敌军士气衰落时再出击。李孝恭不听，亲自率军出战，结果大败而归。

李靖见敌兵在追击中抢掠了许多东西，每个人身上都背着重重的物品，觉得这是个好机会，就乘

机出击。结果大败敌军，挽回了败局。最后，李靖率军把萧铣包围在江陵城里，萧铣只好投降。

后来，人们用谚语"机不可失——＿＿＿＿＿＿＿"来形容时机难得，必须抓紧，不可错过。

有一只青蛙

小明老是缠着爸爸，要爸爸讲历史故事给他听。

一天，小明又说："爸爸，讲个历史故事吧！"

爸爸："好。从前，有一只青蛙……"

小明："呀，我要听历史故事！"

爸爸："好。在宋朝，有一只青蛙……"

爆笑图片

与生俱来的高贵气质!

兄弟，借个火!

武装到脑袋!

我是来自火星的吗?

第七章

读名著，学语文

1 昆虫记

 内容简介

《昆虫记》是法国著名昆虫学家、科普作家法布尔用一生精力完成的一部昆虫学巨著。这部书既有科学性，又有浓厚的文学色彩。法布尔充满爱意地描绘了昆虫的本能、习性、劳动、婚恋、繁衍和死亡，记录了他在昆虫世界漫游的历程。

《昆虫记》中蕴含着一种求真求实的科学精神。在荒石园中，法布尔几十年如一日，对昆虫进行细致的观察与实验，真实地记录了昆虫的本能与习性，获得了很多新发现，填补了当时昆虫学的很多空白。法布尔也因此被人们誉为"昆虫世界的荷马"。

《昆虫记》一共十册，每册包含若干章，每章详细、深刻地描绘了一种或几种昆虫的生活，如蜘蛛、蜜蜂、螳螂、蝎子、蝉、天牛、蟋蟀等。

精彩片段

神秘的池塘（节选）

当我面对池塘，凝视它的时候，我可从来都不觉得厌倦。在这个绿色的小小世界里，不知道会有多少忙碌的小生命生生不息。在充满泥泞的池边，随处可见一堆堆黑色的小蝌蚪在暖和的池水中嬉戏着，追逐着；

有着红色肚皮的蝾螈也把它的宽尾巴像舵一样摇摆着，并缓缓地前进；在那芦苇草丛中，我们还可以找到一群群石蚕的幼虫，它们各自将身体隐匿在一个个枯枝做的小鞘中——这个小鞘是用来防御天敌和各种各样意想不到的灾难的。

在池塘的深处，水甲虫在活泼地跳跃着，它的前翅的尖端带着一个气泡，这个气泡是帮助它呼吸用的。它的胸下有一片胸翼，在阳光下闪闪发光，像佩戴在一个威武的大将军胸前的一块闪着银光的胸甲。在水面上，我们可以看到一堆闪着亮光的"蚌蛛"在打着转，欢快地扭动着，不对，那不是"蚌蛛"，其实那是豉虫们在开舞会呢！离这儿不远的地方，有一队池鳐正在向这边游来，它们那傍击式的泳姿，就像裁缝手中的缝针那样迅速而有力。

【我的小收获】

　　在平常人的眼里"停滞不动"的池塘，却成了作者精神的乐园，他用一双善于观察的眼睛，用一颗热爱生命、敬仰自然的心，在和昆虫对话。

动手做一做

　　《昆虫记》是一部优秀的科普著作，也是公认的文学经典。鲁迅把它奉为"讲昆虫生活的楷模"。在作者笔下，_____像个吝啬鬼，身穿一件似乎"缺了布料"的短身燕尾礼服；_____为它的后代做出无私的奉献，为儿女操碎了心；而被毒蛇、蜘蛛咬伤的_____会愉快地进食，如果我们喂食动作慢了，它甚至会像婴儿般哭闹。

2 西游记

同龄人的阅读推荐

　　《西游记》里塑造了很多个性鲜明的人物形象，尤其是孙悟空和猪八戒这两个人物，历来深受人们的喜爱。让我们打开名著，看看他们都有哪些精彩的表现吧！

——推荐人：王明明

内容简介

　　《西游记》是中国四大古典名著之一，为明代小说家吴承恩所著。小说借助丰富离奇的想象，生动叙述了唐僧师徒四人跋山涉水，历尽艰难险阻，最终成功取回真经的故事，赞扬了唐僧师徒勇敢无畏的斗争精神。

　　《西游记》全书一百回，结构上可分成三个部分。前七回为第一部分，主要写了孙悟空出世、拜师、大闹天宫；第八至十二回是第二部分，主要写了唐僧的出身及取经的缘由。第十三至一百回是第三部分，主要写唐僧师徒西天取经的经过。

　　《西游记》不仅有较深刻的思想内容，艺术上也取得了很高的成就。

它以丰富奇特的艺术想象、生动曲折的故事情节、栩栩如生的人物形象、幽默诙谐的语言，构筑了一座独具特色的《西游记》艺术宫殿。

精彩片段

如意金箍棒（节选）

你看他弄神通，丢开解数，打转水晶宫里，唬得老龙王胆战心惊，小龙子魂飞魄散，龟鳖鼋鼍皆缩颈，鱼虾鳌蟹尽藏头。

悟空将宝贝执在手中，坐在水晶宫殿上，对龙王笑道："多谢贤邻厚意。"龙王道："不敢，不敢。"悟空道："这块铁虽然好用，还有一说。"龙王道："上仙还有甚说？"悟空道："当时若无此铁，倒也罢了；如今手中既拿着他，身上更无衣服相趁，奈何？你这里若有披挂，索性送我一副，一总奉谢。"龙王道："这个却是没有。"悟空道："'一客不犯二主。'若没有，我也定不出此门。"龙王道："烦上仙再转一海，或者有之。"悟空又道："'走三家不如坐一家。'千万告求一副。"龙王道："委的没有，如有即当奉承。"悟空道："真个没有，就和你试试此铁！"龙王慌了道："上仙，切莫动手！切莫动手！待我看舍弟处可有，当送一副。"悟空道："令弟何在？"龙王道："舍弟乃南海龙王敖钦、北海龙王敖顺、西海龙王敖闰是也。"悟空道："我老孙不去！不去！俗语谓'赊三不敌见二'，只望你随高就低的送一副便了。"老龙道："不需上仙去。我这里有一面铁鼓，一口金钟，凡有紧急事，擂得鼓响，撞得钟鸣，舍弟们就顷刻而至。"悟空道："既是如此，快些去擂鼓撞钟！"真个那鼋将便去撞钟，鳖帅即来擂鼓。

【我的小收获】

悟空得到"如意金箍棒"之后，又软硬兼施地向龙王索取了一套披挂才肯离去。作者通过动作、语言等方面的传神刻画，生动表现了悟空聪敏机智、生性顽皮、胆识过人的特点，给读者留下了深刻印象。

动手做一做

1. 在护送唐僧去西天取经的途中，机智灵活、疾恶如仇的是_____；憨态可掬、好耍小聪明的是_____；忠厚老实、勤勤恳恳的是_____。
2. 《西游记》中有许多脍炙人口的故事，如"三打_____""大闹_____""真假_____""三借_____"。

3 汤姆·索亚历险记

内容简介

《汤姆·索亚历险记》是十九世纪美国文学大师马克·吐温的代表作，是世界文学宝库的一部杰出的经典名著。小说描写的是以汤姆·索亚为首的一群孩子的天真烂漫的生活。

汤姆·索亚是小说的主人公，他调皮，喜欢搞恶作剧，却又善良可爱、乐于助人。他讨厌教堂里老师干巴巴的说教，他不喜欢学校里枯燥无味的生活，他希望加入海盗队伍，过新鲜刺激的生活。

这部小说是当时美国社会生活的一个缩影。从小说中，我们可以了解到穷人和富人、教堂和学校、宗教与犯罪等当时美国生活的各个方面。

精彩片段

"喂，汤姆，让我来刷点儿看。"

汤姆想了一下，打算答应他，可是又改了主意：

"不行——不行——我想这大概是不行的，本。要知道，波莉姨妈对这面墙是很讲究的——这可是当街的一面哪——不过要是后面的，你刷刷倒也无妨，姨妈也不会在乎的。是呀，她对这面墙讲究得要命。刷这墙一定得非常精心。我想在一千，也许两千个孩子里，也找不出一个能按波莉姨妈的要求刷好这面墙的。"

"哦，是吗？喂，就让我试一试吧。我只刷一点儿——汤姆，如果我是你的话，我会让你试试的。"

"本，我倒是愿意，说真的。可是，波莉姨妈——唉，吉姆想刷，可她不叫他刷；希德也想干，她也不让希德干。现在，你知道我该有多么为难吗？要是你来摆弄这墙，万一出了什么毛病……"

"啊，没事，我会小心的。还是让我来试试吧。嘿——我把苹果核给你。"

"唉，那就……不行，本，算了吧。我就怕……"

"我把这苹果全给你！"

汤姆把刷子让给本，脸上显示出不情愿，可心里却美滋滋的。当刚才那只"大密苏里号"在阳光下干活，累得大汗淋漓的时候，这位离了职的艺术家却在附近的阴凉下，坐在一只木桶上，跷着二郎腿，一边大口大口地吃着苹果，一边暗暗盘算如何再宰更多的傻瓜。

......

他一直过得舒舒服服，悠闲自在——同伴很多——而且墙整整被刷了三遍。要不是他的灰浆用完了，恐怕全村每个孩子都要被他弄得破产。

【我的小收获】

刷墙本是苦差，汤姆却将它变成了美差。通过刷墙权的转让，他从一个一贫如洗的苦孩子变成了一个地地道道的"阔佬"。一个聪明、机智、可爱的男孩形象跃然纸上。

 动手做一做

对于汤姆，你最欣赏他的什么？联系自己的实际讲讲理由。（50字左右）

_____

_____

_____

4 安徒生童话

同龄人的阅读推荐

《安徒生童话》中收录的童话故事通俗易懂，生动感人，富有教育意义，这些故事一定能够成为你难忘的童年记忆。打开名著，和主人公一起感受喜怒哀乐吧！

——推荐人：李明

内容简介

《安徒生童话》是丹麦著名童话大师安徒生的童话故事集，被誉为"世界儿童文学经典"。这些脍炙人口的童话作品，影响了世界各国的几代人。充溢着丰富的幻想、天真烂漫的构思和朴素的幽默感的《安徒生童话》，不单丰富了孩子们的精神生活，同时也启发了成年人。因此，数百年来，它不仅为儿童所喜爱，也为成人所喜爱。

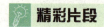

豌豆上的公主

　　从前有一位王子，他想找一位公主结婚，但是她必须是一位真正的公主，所以他就走遍了全世界，想要寻到这样一位公主。可是无论他到什么地方，他总是碰到一些障碍。公主倒有的是，不过他没有办法断定她们究竟是不是真正的公主。她们总是有些地方不大对头。结果，他只好回家来，心中很不快活，因为他是那么渴望得到一位真正的公主。

　　有一天晚上，忽然起了一阵可怕的暴风雨。天空在掣电，在打雷，在下着大雨。这真有点儿使人害怕！这时有人在敲着城门，老国王就走过去开门。

　　站在城门外的是一位公主。可是，天哪！经过了风吹雨打以后，她的样子是多么难看哪！水沿着她的头发和衣服向下面流，流进鞋尖，又从脚跟流出来。她说她是一个真正的公主。

　　"是的，这点我们马上就可以查出来，"老皇后心里想，可是她什么也没有说。她走进卧房，把所有的被褥都搬开，在床榻上放了一粒豌豆。然后，她取出二十床垫子，把它们压在豌豆上。随后，她又在这些垫子上放了二十床鸭绒被。

这位公主夜里就睡在这些东西上面。早晨大家问她昨晚睡得怎样。

"啊，不舒服极了！"公主说，"我差不多整夜没有合上眼！天晓得我床上有些什么东西？有一粒很硬的东西硌着我，弄得我全身发青发紫。这真怕人！"

现在大家就看出来了，她是一位真正的公主，因为压在这二十床垫子和二十床鸭绒被下面的一粒豌豆，她居然还能感觉得出来，除了真正的公主以外，任何人都不会有这么嫩的皮肤的。因此，那位王子就选她为妻子了，因为现在他知道他得到了一位真正的公主。

【我的小收获】

隔着二十床垫子和二十床鸭绒被，公主仍然感觉到了豌豆的存在，作者在故事中运用夸张的手法，既突出了公主皮肤娇嫩的特点，也给本文增添了情趣。本文对公主的语言描写也很生动，娇气的抱怨，非常符合公主的身份。

动手做一做

1.《拇指姑娘》中，拇指姑娘出生时坐在_____花的花蕊中间。拇指姑娘的摇篮是用____做的。

2.《卖火柴的小女孩》这个故事发生在_____（时间）。卖火柴的小女孩四次点燃火柴，分别看到了____、____、____、____。

趣味漫画

你知道猴子为何喜欢在山上生活？

如果从传说角度讲，猴子是从石头缝里蹦出的，因此大山应该是它母亲。

为了安全

如果从生存环境讲，山洞是它的最佳居住场所，山果是它最爱吃的食物。

回答得不错。那鱼为何不生活在陆地，偏偏以水为家呢？

大概它们是为安全着想才会这样吧。

为什么这么说？

因为陆地上有猫！

第八章

汉字魔法屋

看图联想

　　下面的图形大部分由直线构成。请你展开联想，从"备选答案"中找出下列图形所代表的汉字，并将相应的序号填在图形下面的括号里。

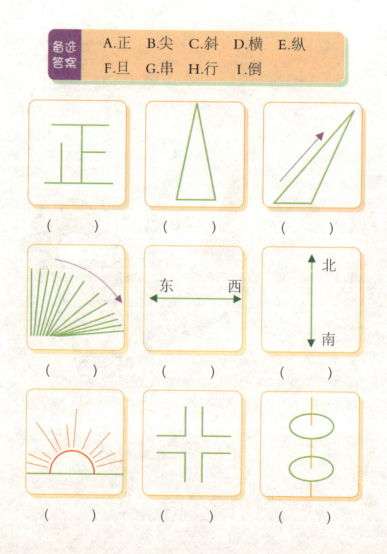

备选答案	A.正　B.尖　C.斜　D.横　E.纵
	F.旦　G.串　H.行　I.倒

（　　）　　　　（　　）　　　　（　　）

（　　）　　　　（　　）　　　　（　　）

（　　）　　　　（　　）　　　　（　　）

数学和汉字的关系

以下各题都打一汉字，你能猜出来吗？

A. 30天÷2 　　　　　　　　　　（　　　　）

B. 72小时 　　　　　　　　　　（　　　　）

C. 24小时 　　　　　　　　　　（　　　　）

D. 左边九加九，右边九十九 　　（　　　　）

幽默小笑话

来不及了

　　在一所幼儿园的一个很大的班级里，老师让小孩们问问题，大家一个问完接下一个，有个小孩一直把手举在空中，不过当轮到他问时，他却把手放下了。老师问："你为什么把手放下了？"

　　小孩回答说："来不及了，已经湿了。"

砍树

　　一次，小明看见邻居李大爷要砍掉院子里的一棵大树，他不明其意，便问道："这棵树长得好好的，您为什么要砍掉它呢？"李大爷说："你看，这院子方方正正的，里面长一棵树，就好像是个'困'字，多么不吉利呀！"

　　小明听后，就用树枝随手在地上写了一个字，然后说："您看，照您的意思，砍掉这棵树，住在这方正的院子里，不是更不吉利了吗？"李大爷看了小明写在地上的字，觉得他的话很有道理，就决定不再砍树了。

　⇨　小明写了一个什么字？

巧添汉字

"一、二、三、五、七、干",请你在这几个汉字的基础上各添上同一个字,使之成为另外6个字。

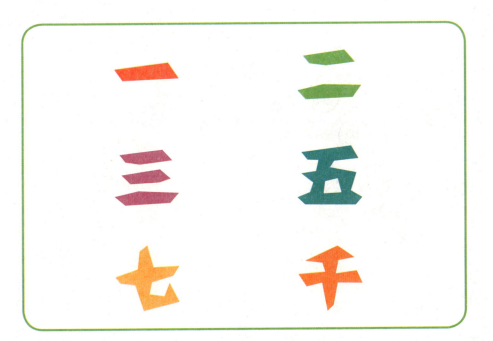

只错一个字

王小明对同桌说:"昨天我在作文里只写错了一个字,就被老爸狠狠骂了一顿。"

同桌很惊讶地问:"哪一个字?"

王小明说:"不就是把'列祖列宗'写成了'劣祖劣宗'嘛。"

填汉字

在下图中的空白圆圈内填入一个适当的汉字，使之与左右的字都能组成一个新的汉字。

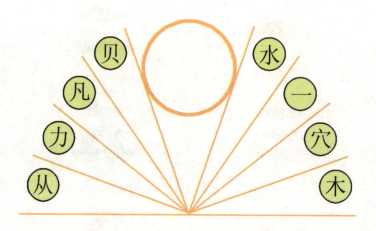

巧猜汉字

请你仔细思考，把下面的字谜猜出来。

因为自大一点儿，惹得人人讨厌。 　　　　　（　　　）

大小一一俱全。 　　　　　（　　　）

文武双全。 　　　　　（　　　）

儿女成双。 　　　　　（　　　）

三个星期。 　　　　　（　　　）

春末夏初。 　　　　　（　　　）

十二月。 　　　　　（　　　）

除夕之夜。 　　　　　（　　　）

白玉无瑕。 　　　　　（　　　）

日出看景。 　　　　　（　　　）

日行一里。 　　　　　（　　　）

山水紧相连。 　　　　　（　　　）

复习。 　　　　　（　　　）

用"口"组字

请你说出1~10个"口"各能组成哪10个字，比如：1个"口"是"口"，2个"口"是"吕"，3个口是"品"。

幽默小笑话

漫长的旅程

去年夏天我们一家驾车去旅游，出发前，我告诉孩子，旅程很长，谁也不许问"还有多远""什么时候到"之类的问题。

旅程刚开始，果然没有人提问题。到了第三天晚上9点钟，5岁的小女儿叹了一口气，说："等我们到达目的地，我会不会已经6岁了？"

汉字新解

下面是一些趣解汉字的题目,看看你都能填出来吗?

例: 汗:由水组成,总会有干的时候。

① _____:新东西用过一日就成了旧的。

② _____:翻过两座山,总会找到出路。

③ _____:力被困在穴里,怎能不穷。

④ _____:进门阅读就能获得知识。

⑤ _____:有了铁就失去了金。

⑥ _____:无论是施恩还是报恩,都因有颗善心。

幽默小笑话

大象和小鸟的区别

生物老师在课堂上组织学生讨论大象和小鸟的区别。

学生甲说:"大象有长鼻子,小鸟没有。"

学生乙说:"小鸟有翅膀,大象没有。"

学生丙高声说:"最大的区别是,小鸟可以骑在大象身上,大象却不能骑在小鸟身上。"

语文资料库

容易写错的六个字

1. 食不guǒ（　　）腹　　2. 一tān（　　）血　　3. 不能自yǐ（　　）

4. 震hàn（　　）　　　　5. 再接再lì（　　）　　6. 蛛丝mǎ（　　）迹

悄悄告诉你：

1．"果腹"容易错写成"裹腹"。写成"裹腹"，难道是要把腹部缠起来吗？

2．"一摊血"不是"一滩血"，这个"摊"是个量词，表示摊开的糊状物。

3．"不能自已"可不是"不能自己"，如一个人自己都不是了，哪里还能自我控制呢？

4．"撼"是震动、摇撼的意思，如震撼大地、震撼人心等。可不要误写成"震憾"。

5．"再接再厉"的意思为一次又一次地继续努力。这个"厉"可不要写成"鼓励"的"励"。

6．"蛛丝马迹"可不是蜘蛛和蚂蚁的痕迹呀，这里要用"马"，而不能写成"蚂蚁"的"蚂"。

巧拼新字

在"比、办、另、叮、句、权、合、奴、呆、汪、鸣、具"这些字中，都添个"十"字，就会拼出新字，请你试一试。

幽默小笑话

文学家与小偷

法国大文学家巴尔扎克一生贫困潦倒。一天，他写作到深夜，一个小偷来光顾他家。巴尔扎克看到小偷到处乱翻，便对小偷说："我白天都翻不到钱，你夜里难道能翻到钱吗？"

忘恩负义的徒弟

从前，有一个木匠，收了一个徒弟。这个徒弟真是个忘恩负义的小人，学艺没多久，自认为手艺差不多了，就背弃师傅离开了。殊不知，他的道行还差得远呢！有一天，他一个人绞尽脑汁琢磨了半天，也拉不开大锯，只好回去向师傅请教。

到了师傅家，他看到师傅正和一个木头人在拉大锯。他恍然大悟，回去后也学着做了一个木头人。可是，他做的这个木头人只会傻傻地立在原地，一动也不动，更不用说帮他拉大锯了。

没办法，他只好再去找师傅求教。师傅问他："你量木头人的头了吗？""量了。"徒弟说。"量腰了吗？""量过了。"徒弟很快地回答。"量腿了吗？""量了。"

师傅拍了拍自个儿的胸脯，看了徒弟一眼，说："还有一个地方你没有量，所以你才没有学好。"

➪ 你知道这个徒弟没有量哪里吗？师傅想告诉他什么呢？

 "人"字加笔组字

在16个"人"字上分别添上两笔笔画，使它们变成另外16个字，试一试你能做到吗？

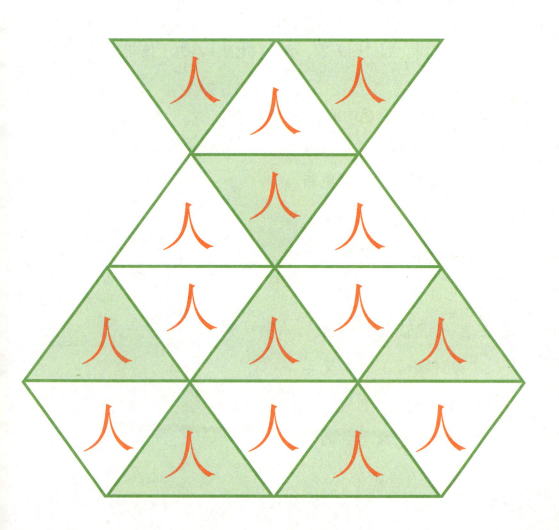

数字的妙用

在语文世界里，数字有着非常可爱、有趣的效用。它们往往可以化腐朽为神奇，将丰富的情感表露无遗。

比如，有一首小诗是这样写的：

一去二三里，烟村四五家。亭台六七座，八九十枝花。

请你在下面的空格内填上恰当的数字。

☐元复始，☐象更新。

树高☐丈，叶落归根。

☐里送鹅毛，礼轻情意重。

☐年生聚，☐年教训。

一言☐鼎，人言为信。

☐面楚歌，☐神无主。

☐个臭皮匠，赛过☐个诸葛亮。

☐天打鱼，两天晒网。

☐海之内皆兄弟。

"二"的妙用

　　语文老师上课时出了一道很特别的题目，要求大家将下面16个方格中的"二"字各加上两笔，使其组成16个不同的新汉字。你也试一试吧！

二	二	二	二
二	二	二	二
二	二	二	二
二	二	二	二

趣味语文

词语接龙

　　下面是两字词语的接龙游戏，空圈内需要填写连接前后的关键字。请你想一想，将恰当的关键字填在空圈内吧。

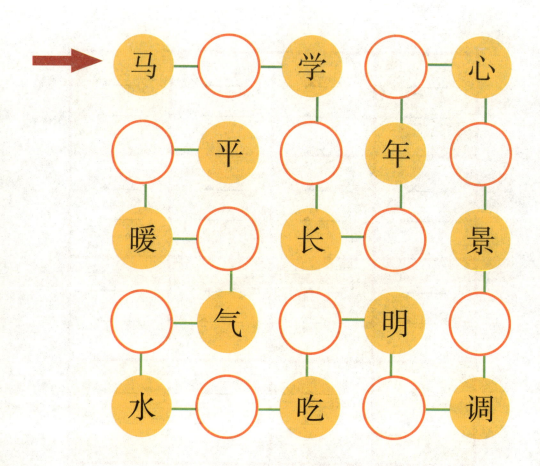

齐白石题字喻客

齐白石是我国著名画家，他的画闻名国内外，被很多博物馆收藏。有很多学画的人，有的要拜他为师，有的拿画来向他请教，也有的学生作品获奖了，来向他表示感谢。总之，齐白石的家门前总是热闹得很。

有一天，几个学生来拜见老师，他们刚想敲门，却看见门上贴着一个"心"字。他们觉得奇怪，只见过门上贴"福"字的，贴"心"字是什么意思呢？这时，有一个学生忽然说："我明白啦！"说着，就拉着同伴离开了。

第二天，他们又来到齐白石家门前，看见门上换成了一个"木"字，大家高兴极了，马上敲门进去，拜见了齐白石。

⇨ 为什么他们第一次不敲门，第二次才敲门呢？

251

进门填字

在"门"字内加字可以组成新的字，试着填填下面的空吧。

"才"字进门（　）双眼，　"舌"字进门摆（　）气

"口"字进门（　）声好，　"日"字进门站中（　）

"市"字进门看热（　），　"一"字进门把门（　）

"马"字进门别乱（　），　"虫"字进门去（　）南

"王"字进门是（　）年，　"圭"字进门是（　）房

"耳"字进门听新（　），　"兑"字进门（　）报刊

惩罚

5岁的马克向妈妈告状："咱们家的小狗把我的皮鞋咬破了。"

"那要狠狠地惩罚它一下。"妈妈回答说。

"妈妈，我正是这样做的。我把狗盆里的牛奶全喝光了，让它饿一天，看它下次还敢不敢这样。"

巧用"赢"字破疑案

传说有个客人住进了一家客栈，百两银子不翼而飞。他住的是单间，根据种种迹象，他认定是店老板偷的。于是，客人就到县衙告状，但店老板坚决不承认。

这个县的县官很精明，思考片刻后，他不动声色地叫店老板伸出手来，用笔在他手心写了一个"赢"字，并说："你到台阶下去晒太阳，如果晒很长时间字还在的话，你就打赢了官司。"然后，县官又叫人把老板娘带来，

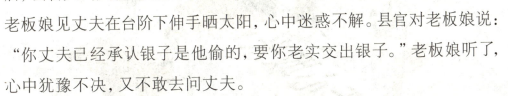

老板娘见丈夫在台阶下伸手晒太阳，心中迷惑不解。县官对老板娘说："你丈夫已经承认银子是他偷的，要你老实交出银子。"老板娘听了，心中犹豫不决，又不敢去问丈夫。

正在这时，县官突然对台阶下的老板大叫道："你手里的'赢'字还在不在？"老板连连回答："在！在的！"

老板娘一听，就把银子全交了出来。

⇨ **你知道为什么吗？**

253

岳飞改字

南宋年间，有一次，一个金兵送来了一份战书给南宋皇帝，战书里面只写了四个字——"天心取米"。金兵当着南宋文武百官的面说："我大金皇帝要你们南宋进贡。如果谁能答复这四个字，我大金皇帝可以考虑不发兵攻打南宋。"岳飞大喝一声："我来答复。"说着，拿起笔在"天心取米"四个字上各添了一笔。金兵赶忙送回让大金皇帝看。大金皇帝一看，就不提进攻南宋的事了。

➩ 你知道岳飞是怎样修改那四个字的吗？

杨修解字

　　东汉时，曹操帐下有位主簿叫杨修，此人聪明过人。曹操下令建造一座相府花园，园门建成后，曹操亲自前去视察，打量片刻，也不说园门建得如何，只是取笔在门上写了一个"活"字。工匠不知道曹操之意，十分心焦，害怕不按照丞相的要求改建将会受责，于是去请教相府谋士。众谋士均不知何意，唯杨修思考了一会儿后将其中蕴含的意思说了一番。众人听后，都觉得有理。于是，工匠重新改造园门后，又请曹操来看，曹操看后非常满意，但也十分惊讶，问道："是谁猜中了我的意思？"手下人说："是杨修。"曹操当众将杨修夸赞了一番。

⇨　你知道杨修和工匠们是怎么说的吗？

255

纪晓岚题字

　　清朝乾隆年间，有几个王爷，他们不学无术却要装风雅。有一年，他们在后花园盖了座花亭，邀请当时的名士纪晓岚为花亭题字。纪晓岚推辞不过，拿起笔来在匾上题了"竹苞"两个大字。王爷哥儿几个都不懂"竹苞"的意思，但手下一些捧场的人却大加赞赏，说什么"竹苞"是取"竹苞松茂"之意，既通俗明了，又雅致清高。几个月后，有位教书先生来到王爷家，看见花亭匾上的"竹苞"二字，指出："这是骂你们的。"教书先生把理由讲出后，王爷一怒，命令手下的人把匾砸得粉碎。

⇨　你知道王爷生气的原因吗？

只要哪个字

　　有一个农民在路口卖西瓜,他在西瓜堆上立了一个纸牌,上面写了六个大字:此地出卖西瓜。有一个戴眼镜的人看了,对他说:"你用不着写那么多字,少写两个完全可以。"卖瓜的农民觉得非常有道理,就去掉了两个字。又有一个摇扇的人路过,看了纸牌上的字,说非常啰唆。于是,农民又去掉了两个字。又过了一会儿,又有一个路过的官员对他说,只要一个字就行了。于是,卖瓜人又去掉了一个字。最后,纸牌上只剩一个字了,但丝毫没有影响到卖瓜人的生意。

⇨　你知道分别去掉的是哪几个字吗?

趣味语文

县太爷判案

　　从前，有个姓史的花花公子，村民们都叫他"史霸王"。一日，这恶少又拦路调戏一位村姑，农夫王大江正好挑柴路过，大声斥骂道："你这小霸王，竟敢在路上为非作歹，欺侮人家女孩子！"史霸王见是个村野鄙夫，扯出斧头就向王大江劈去，王大江顿时倒在了血泊中。王大江的父母闻讯赶来，请村上一位老学究代写了一张状纸，告到县衙。

　　不料那县太爷受贿，收了史老财主的厚礼。升堂之后，他见状纸开头写的是"史霸王依仗父势，用斧子伤人……"于是将其中一字改了一笔，使那杀人凶犯罪行大减，免于死刑。

　　后来东窗事发，县太爷和杀人犯被双双处斩。

　⇨　你能猜出县太爷改了哪个字吗？

商人的家书

　　商人外出做生意已有半年，托人给妻子带回一封信和十两银子。因为妻子不识字，他在信上没有写一个字，只画了四幅图画：第一幅，画了七只正在戏水的鸭子；第二幅，画了一头躺倒的大象和一只鹅；第三幅，画了五把勺子和十个热气腾腾的汤圆；第四幅，画了嫩柳夹道的路上走来一个男人。

　　受托的人想和商人的妻子开个玩笑，只把四幅画交给了她，然后说："你丈夫在外做生意赔了本，什么也没给你捎回来。"商人的妻子看了画后，摇了摇头，笑着说："别开玩笑了，快把十两银子给我吧。"

　　受托的人大吃一惊："你怎么知道我带回十两银子的？"忙把十两银子交了出来。

⇨　只有几幅图画，商人的妻子是怎么明白丈夫的意思的呢？

小儿头嫩

　　一个剃头匠为一个小孩子剃头，一动刀就割破了小孩的头皮，鲜血直流，他便向主人告辞道："你这儿子的头还嫩呢，下不得刀，再过些时候，等他老了再剃。"

将错就错

相传，清末大臣李鸿章有个不学无术的远房亲戚，此人没有学问，却想通过科举考试直上青云。

有一年，他去参加乡试。试卷拿到手后，他满脸蜡黄，一头大汗，写了半天连他自己都不知写了些什么。亏得这小子头脑"灵活"，他想：我是中堂大人的亲戚，把这个关系写在考卷上，考官看了，怎敢不录取？于是，他得意扬扬地提起笔来，在考卷末尾写下一行歪歪斜斜的字："我是李鸿章大人的亲妻。"可是，他不会写"戚"字，竟把"戚"写成了"妻"字。

这年的主考官为人正直耿介，看到他这张不知所云、狗屁不通的卷子，正准备扔在一旁不去理会，却忽见卷末还另写了一行字。主考官一看，不禁又好气又好笑。于是，他提起笔，将错就错在旁边批了一句，极好地讽刺了那个花花公子。

⇨ 猜猜看，主考官是如何批示这份试卷的呢？

260

纪晓岚妙释"老头子"

一年盛夏，纪晓岚和几位同僚在书馆里校阅书稿。纪晓岚因为身体肥胖，经不起酷暑，于是就脱掉了上衣，赤着上身，把辫子也盘到了头顶上。

不巧，这时乾隆皇帝慢慢走进书馆来。纪晓岚发觉时，已经来不及穿衣服了，于是他赶紧把脖子一缩，钻到了书桌底下。其实，乾隆早就看见纪晓岚了，但他装作不知，就故意在书馆里与其他官员闲聊，迟迟没有离去的意思。纪晓岚在桌子下面大汗淋漓，实在熬不住了，就探出头来问道："老头子走了没？"话音刚落，他抬头一看，乾隆皇帝就坐在他面前。皇帝大怒道：纪晓岚，你好无礼！为何叫朕'老头子'？如果你解释得当，朕就放过你。"所有官员都为纪晓岚捏了把汗。

纪晓岚真不愧是铁齿铜牙，他略作思索从容作答。乾隆听了，立即转怒为喜，不但没有责怪他，反而还奖赏了他。

⇨ 你知道纪晓岚是怎么解释的吗？

261

气死财主

从前，有个叫杨旺的土财主，经常仗势欺人，对待长工特别刻薄，长工们都很恨他。

这年的腊月二十八，是杨旺六十六岁的寿辰。俗话说："年纪活到六十六，不死也要掉块肉。"杨旺心想：一年只剩下两天了，只要过了这凶年，便可延年益寿了。于是，他大摆寿宴，以求个吉利。客人们送寿礼时，很多人送了字画。他特别喜爱其中的一副对联：家大门大好出官，年年岁岁官不断。于是，他叫长工把这副对联挂在大堂上方。谁知到了大年三十早上，有个长工在这副对联的上、下联的某个字上各加了一个偏旁，杨旺一见，被活活气死了。

⇨　你知道聪明的长工在哪两个字上加了什么偏旁吗？

借还是不借

过年了，小赵家来了很多亲戚。他想在正月初一照一张全家福，怎奈没有相机，只好去向小王借。来到小王家，他开门见山地说："我想正月初一用一下你的相机，你肯借给我吗？"小王说："相机倒是闲着呢，你看就放在那儿呢，可是这个正月没有初一呀。"小王的话让小赵怔在了那里。忽然，他明白了小王的意思，于是高兴地把相机拿走了。

⇨ **你知道这是为什么吗？**

捎来的奇怪的信

　　有一个目不识丁的农妇，她的丈夫长期在外打工，她非常想念丈夫。她想给自己的丈夫写封信，但是又不会写字，于是她想了一个办法。这个农妇写了一封奇怪的信，托人捎给了她的丈夫。她丈夫拆开信一看，满页纸都画着排列整齐的乌龟，最后还画了一只竖着的大乌龟。当时，她的丈夫很不理解，还以为妻子骂他是乌龟呢。过了几天，他才恍然大悟，于是卷起铺盖回老家去了。

　⇨　你知道这个农妇画了满纸的乌龟到底是什么意思吗？

语文资料库

巧妙玩拆字

夸 喜欢夸耀的人，最终都要吃"大""亏"的。

乞 向别人乞讨，就是少争了"一"口志"气"。

味 "未"到"口"的东西，味道显得尤其诱人。

伴 意味着他"人"是你身体的另一"半"。

舒 "舍"得给"予"他人，自己获得的是快乐。

劣 平时"少"出"力"，到头来必然差人一等。

迟 落伍，有时仅仅是比别人晚"走"了一"尺"。

赶 不停地"走"，不停地"干"，就会超过别人。

起 人生的每一次提升，都是自"己""走"出来的。

债 欠了别人的，就要偿还，这是做"人"的"责"任。

隘 "耳"朵只听得进对自己有"益"的好话，其心必然狭窄。

否 真正反对你的人，往往"不"表现在"口"上，而是暗藏在心里。

爆笑图片

我要去拯救世界！

作为一只猫，我很淡定！

嬉戏……

我是加勒比海盗狗！

第九章

点小作用大

县令点遗书

从前，有一个老翁，他临终时留下两份遗书，分别交给五岁的幼子和女婿。遗书中说：六十老儿生一子人言非是我子也家产田园尽付与女婿外人不得争执。数载后，其子成年，要与姐夫分家，可姐夫不肯。二人争执不休，只好去衙门打官司。

女婿申辩道："岳丈大人遗书上写：六十老儿生一子，人言非是我子也，家产田园尽付与女婿，外人不得争执。"县令收下遗书，下令暂时退堂，明日再断。次日一升堂，县令即说："遗产应归儿子继承！"说罢，将两份由他标点了的遗书发还给老翁的儿子和女婿。那女婿一看，哑口无言，只好从命。

⇨ 你知道县令是怎么给遗书加标点的吗？

一张条幅

今年好倒霉少不得打官司

　　古时候，有一家人十分迷信，凡事都要讨个吉利。年三十晚上，父亲和两个儿子商议说："堂上要贴一张新条幅，现在咱们每人说一句吉利话，凑出一张条幅来。"两个儿子点头同意。

　　父亲先说道："今年好！"大儿子想了想也说道："倒霉少。"二儿子接着又说道："不得打官司！"说完了，大家称赞了一番，就由父亲执笔，写了一条没加标点的长幅，贴在堂屋的正中间。

　　第二天，邻居们来拜年。一进门，看见那张条幅没有标点，于是有个邻居按照自己的理解大声念了出来，这家人听到邻居这么诅咒他们，就把邻居赶了出去。

➡　你知道那个邻居是怎么念的吗？

先生气财主

　　从前，有个吝啬的土财主，人称"铁公鸡"。土财主有三个儿子，为了三个儿子能中举当官，土财主便请先生来家教书。但因他刻薄，应聘者都干不了多久就离开了。有位老先生听了，决意要治治这个"铁公鸡"。他找上土财

主家，说："老朽不才，茶饭随便。"土财主笑问："此话当真？"老先生拱手应道："愿立字为据。"说罢，他挥笔写道："无鸡鸭也可无鱼肉也可。"可是，到吃饭时，老先生见桌上摆的是青菜萝卜，就拍桌斥责道："堂堂乡绅，竟如此不讲信用！"土财主愕然相问："先生你怎么出尔反尔？"说完，还掏出字据为证。

　　老先生将字据夺过，用笔点了几下，然后说："走，上衙门打官司去！"县令看了字据，斥责土财主道："白纸黑字，又按了手印，倘要耍赖，先打三十大板！"说罢，将字据扔给了土财主。

⇨　你知道老先生是怎么加标点的吗？

270

祝枝山写春联

明代名士祝枝山疾恶如仇，常用文字戏弄贪官污吏。

某年除夕，他应邀为一刘姓贪官题写一副春联：

明日逢春好不晦气　终年倒运少有余财

贪官看后恼羞成怒，即刻抓了祝枝山要问罪。祝枝山抱拳一笑："大人差矣! 学生写的全是吉庆之词呀!"于是，祝枝山抑扬顿挫，当众念了一遍。贪官听得目瞪口呆，无言以对。

⇨　你知道祝枝山是如何读的吗？

历史考试

历史考试时，老师提了三个问题，有个学生一个都答不出来。为了给他一次机会，老师最后大喊道："哥伦布! 新大陆是谁发现的？"这个学生听后拔腿就往外走，老师惊奇地把他叫住："喂，你为什么要走哇？"

"对不起，您不是叫下一个考生了吗？"

秀才对联戏富翁

　　相传有个刻薄的富翁造了一幢高楼，请一个秀才为他的楼写一副对联。秀才深知此富翁的为人，决意捉弄他一下，便写出这样一副对联，并念成："此地安，能久居；主人好，不悲伤。"富翁听后颇为满意。可待对联贴出来后，宾客们却个个暗自发笑。富翁明白了其中奥秘，只气得七窍生烟，却又无可奈何。

⇨　你知道这是为什么吗？

老秀才巧对朱元璋

　　朱元璋曾经请了一个老秀才教皇太子读书，可皇太子不服管教，被老秀才责打了一顿。朱元璋知道了，一气之下，把老秀才关进了大牢。后经马皇后劝诫，朱元璋知道自己错了，就把老秀才请回皇宫。老秀才见皇上知错能改，连忙书写了十个大字，跪着呈上去，说："老臣谢恩！"他写的是：

　　明王明不明贤后贤非贤

　　朱元璋一看，非常生气，就要发作。可是老秀才拿过自己写的对联，把它念了一遍，朱元璋听后转怒为喜。从此，君臣言归于好，老秀才又教皇太子读书去了。

⇨　你知道老秀才是怎么读的吗？

小新的预测

一天，老周和老侯在下象棋，小新正好从旁边经过。老周就问他："你能猜出这盘棋谁赢吗？"

小新笑了笑，说："当然能！"他用木棍在地上写了四个字："你赢他输。"

你赢他输

于是老周故意输棋给老侯，站起来说道："瞧，我输了，你猜错了！"小新指着地上的字，不紧不慢地念了一遍，老周一听傻了眼，只得认输。

老周不服，提出再赌一次。小新又写了"你赢他输"四个字。这局棋老周赢了，他跳起来说："小新，这回你无话可说了吧！"小新顿了顿，慢慢地又念了一遍，老周还是无话可说。

第三局，老周不敢赢也不敢输了，他使了个眼色给老侯。老侯领会了他的意思，这回他们俩下了盘和棋。老周得意扬扬地说："这回，我看你怎么说！"小新胸有成竹地又念了一遍，老周实在没办法了，只得认输。

⇨ 请你想一想，小新每次都是怎么读的？

274

标点符号巧妙激励青年

美国著名社会心理学家巴尔肯曾在一个聚会上叫与会者每人写一篇简短的自传。有个年轻人满脸沮丧地交给他一篇自传，上面只有三个标点：（——）（！）（。）。年轻人凄然地解释，他一阵横冲直撞，落个伤心自叹，到头来只有完蛋。巴尔肯听了，不以为然，立即在这个自传上加了三个标点：（、）（……）（？），并说这是对他的一种激励。

➩ 聪明的你，能读懂这份激励吗？

幽默小笑话

都是蛋糕惹的祸

约翰从学校带着黑眼圈回家，妈妈问是怎么回事，约翰答道："我跟比尔打了一架。"

妈妈明理地说："明天你带一块蛋糕给比尔，并向他道歉。"

谁知第二天，约翰带回了一个更大的黑眼圈。

"天哪！"妈妈大惊失色地问道，"这是谁干的好事？"

约翰答道："比尔干的，他还想吃蛋糕。"

趣味语文

标点定胜负

　　天天和爸爸都很喜欢足球。晚上有一场意大利对巴西的比赛，可惜太晚了，爸爸和天天都没有看。第二天一早起来，天天就嚷着要看报纸，想知道比赛结果。爸爸把报纸递给天天，说："你看看，是谁赢了？"天天接过报纸，只见上面写着："这一场激烈的比赛的结果是意大利队战败了巴西队获得了冠军。"天天"咦"了一声，问爸爸："是意大利队赢了吗？"爸爸说："我也不知道。你可以说是意大利队赢了，我也可以说是巴西队赢了。"天天仔细地又看了一遍，说："我知道了，这个句子少了一个逗号，所以有歧义。"

⇨　你知道这个句子的歧义在哪儿吗？

276

媒婆说亲

　　古时候，婚姻大事都是靠父母之命、媒妁之言，结婚前男女双方大都没见过面。当时，有个媒婆替一个大户人家的少爷说亲，在纸条上写了一行字：漆黑头发全无麻子脚不大周正。还说保证姑娘的容貌就如纸条上所写的那样。少爷一看，心花怒放，同意了这门亲事。可把新娘迎娶进门，送入洞房后，他才发现新娘是个皮肤黑、秃头、瘸腿、一脸麻子的丑八怪。于是这个少爷去找媒婆算账。媒婆却不认账，原来她把纸条加了标点之后，念成了另外一句话。

⇨　你知道他们分别是怎么念的吗？

标点符号表功劳

请在横线上填上正确的标点符号。

　　教师节快到了，标点符号们都想表表功劳。＿＿＿＿首先发话：“我干的活最多，工作量大。拖着长长的尾巴，打扫教室。”＿＿＿＿跑出来对它说：“你干事情虎头蛇尾，哪像我们有始有终。”＿＿＿＿＿感慨地说：“你虽有始有终，但是太平淡，没有激情，我可以把人们内心的感情抒发出来。”＿＿＿＿忍不住说道：“要是都像你一样充满激情，没有静闲余地，人不累死也会变成神经病。”＿＿＿＿＿晃着两个脑袋说：“你身子太长，一点儿都不节省空间，别人还有位置吗？同学们对老师表达敬意，要不是我引着，还不乱作一团。”＿＿＿＿＿忽闪着两颗乌黑的眼珠，表示支持自己最亲密的搭档：“我也功不可没。”大家谁也说服不了谁！

　　字典老公公捋着长胡子，蹒跚来到，说：“不要只看到自己的功绩，古代没有标点符号，名篇佳作不都有记载？”

　　标点符号们自知理亏，哑口无言。最后，字典老公公颁奖：＿＿＿＿——勤劳忙碌奖；＿＿＿——优秀成果奖；＿＿＿——情感充沛奖；＿＿＿——简洁省事奖；＿＿＿——最佳引用奖；＿＿＿——最佳搭档奖。

　　字典老公公调解有功，被标点符号们一致推崇为：字典——特殊贡献奖。

手表

　　二十世纪八十年代，四川某店从广州进了一批手表，计划在春节前供应给市民。可货到之日销售旺季已过，于是，四川方面要求退货。广州方面回电报——"手表不要退回"六字，四川方面收电后立即退货，但之后双方对簿法庭。

⇨　你能理解他们的分歧所在吗？如果你是法官，你会怎么判呢？

给父母的信

有一个在外地打工的儿子给他的父母写了一封信，信的内容是："儿的生活好痛苦一点也没有粮食多病少挣了很多钱。"句中除了"。"以外没有其他标点。母亲看了信之后急得号啕大哭，而父亲看了信之后却高兴得跳了起来。当母亲再读给父亲听时，父亲也糊涂了。就因为句中没加标点，所以弄得别人哭笑不得。

⇨ 你知道故事中的父亲和母亲是怎么读这封信的吗？

语文资料库

诗词名句

描写春天的诗词名句

春风又绿江南岸，明月何时照我还？　　　　（王安石《泊船瓜洲》）

好雨知时节，当春乃发生。　　　　　　　　（杜甫《春夜喜雨》）

竹外桃花三两枝，春江水暖鸭先知。　　（苏轼《惠崇〈春江晚景〉》）

不知细叶谁裁出，二月春风似剪刀。　　　　（贺知章《咏柳》）

春色满园关不住，一枝红杏出墙来。　　　　（叶绍翁《游园不值》）

日出江花红胜火，春来江水绿如蓝。　　　　（白居易《忆江南》）

乱花渐欲迷人眼，浅草才能没马蹄。　　　　（白居易《钱塘湖春行》）

描写月亮的诗词名句

可怜九月初三夜，露似真珠月似弓。　　　　（白居易《暮江吟》）

月下飞天镜，云生结海楼。　　　　　　　（李白《渡荆门送别》）

峨眉山月半轮秋，影入平羌江水流。　　　　（李白《峨眉山月歌》）

烟笼寒水月笼沙，夜泊秦淮近酒家。　　　　（杜牧《泊秦淮》）

今夜月明人尽望，不知秋思落谁家！（王建《十五夜望月寄
杜郎中》）

海上生明月，天涯共此时。　　（张九龄《望月怀远》）

趣味漫画

我家阿斗智力太差，请先生您教阿斗吧。

好！

少主，醒醒吧！

不如在床上舒服

看你这次考试只得了零分！

你现在认识到上课睡觉的缺点了吗？

认识到了。

缺点是什么？

缺点是不如在床上睡舒服。

第二章 成语游乐园

» 看图猜成语

1. 颠三倒四 2. 无中生有 3. 僧多粥少

» 连字组成语

雄心壮志—志士仁人—人山人海—海底捞月—月下老人

» 趣味成语大家猜

1. 人仰马翻 2. 火上浇油 3. 一刀两断 4. 一石二鸟 5. 三长两短 6. 七上八下 7. 一手遮天 8. 目中无人 9. 井底之蛙

» 成语接龙

一鸣惊人—人微言轻—轻而易举—举一反三—三五成群—群龙无首—首当其冲—冲口而出—出生入死—死灰复燃—燃眉之急—急起直追—追本穷源—源源不绝—绝无仅有—有求必应—应付自如—如鱼得水

» 成语比比看

1. 一目十行 一曝十寒 2. 朝思暮想 朝秦暮楚（朝三暮四） 3. 不劳而获 不翼而飞 不寒而栗 4. 一掷千金 一诺千金 一刻千金 一字千金

» 成语盘龙

1. 接二连三 独一无二 欺三瞒四 杂七杂八 2. 讽一劝百 推三阻四 说一不二 数一数二 3. 成千上万 说三道四 举一反三 杀一儆百

» 枚乘劝刘濞

千钧一发

283

▶▶ 下蛋

1. 心猿意马、马到成功、功败垂成、成千上万、万众一心　2. 一无所有、有口无心、心口如一　3. 人定胜天、天下太平、平易近人

▶▶ 叠字家园

欣欣向荣　炯炯有神　摇摇欲坠
面面相觑　跃跃欲试　高高在上
头头是道　夸夸其谈　奄奄一息

▶▶ 陆游的经历

柳暗花明

▶▶ 写人成语

1. 大喜过望　悲天悯人　诚惶诚恐
　乐极生悲　勃然大怒　喜出望外
2. 心惊肉跳　怒不可遏　怒发冲冠
　愁眉不展　惊弓之鸟　愁肠百结

▶▶ 填成语，记地名

1. 长春　2. 广东　3. 西安
4. 宝鸡　5. 天津　6. 凤阳
7. 海南　8. 上海

▶▶ 彩色世界

白手起家　白璧无瑕　月白风清
黄道吉日　明日黄花　信口雌黄
青天白日　炉火纯青　青面獠牙
花红柳绿　灯红酒绿　红男绿女
赤胆忠心　赤手空拳　赤膊上阵
红杏出墙　红颜薄命　万紫千红

▶▶ 叠字家园

风尘仆仆　兴致勃勃　不甚了了
忧心忡忡　仪表堂堂　小心翼翼
来势汹汹　言之凿凿　热气腾腾
人才济济

▶▶ 成语植物园

入木三分　心花怒放　火树银花
风花雪月　风吹草动　世外桃源
打草惊蛇　柳暗花明　百步穿杨
名列前茅　负荆请罪　沧海一粟

▶▶ 图像成语

一举两得　大惊小怪　大材小用
小题大做　东张西望　一目十行

▶▶ 赵高的阴谋

指鹿为马

▶▶ 接龙阵

1. 出生入（死）心塌（地）大物（博）大精（深）入浅出　2. 大难临（头）头是（道）西说（东）窗事

（发）扬光大

李广的故事

桃李不言，下自成蹊

成语寻宝

白璧微瑕　鱼目混珠　金玉满堂
玉液琼浆　点石成金　人老珠黄
金碧辉煌　锦衣玉食　沧海遗珠
中西合璧

懒惰的农民

守株待兔

成语里的一二三

一厢情愿　三缄其口　五花八门
九牛一毛　三番五次　三令五申
七嘴八舌　五体投地　横七竖八
四面楚歌

爱跳的"千里马"

按图索骥

"人"字单元

人地生疏　待人接物　好为人师
嫁祸于人　下里巴人　惨绝人寰
杞人忧天　人面兽心　判若两人
天遂人愿　千人一面　人财两空
人声鼎沸　贻人口实　杳无人迹

睹物思人　人以群分　强人所难
大快人心　前无古人

晋国灭吴

势如破竹

十全十美

九牛一毛　千方百计　一曝十寒
以一当十　千叮万嘱　千头万绪
一言九鼎　九死一生　千差万别
千言万语　成千上万　千娇百媚
一目十行　气象万千　闻一知十
千真万确　千回百折　千呼万唤

成语楼梯

万不得已　心不在焉　足不出户
入不敷出　义不容辞　生不逢时
下不为例　力不从心　目不暇接
机不可失　死不瞑目　乐不可支
言不由衷　迫不及待

人物成语

纣　班　江郎　女娲　叶公　伯乐
庄周　大禹　司马昭　诸葛亮

成语大联欢

第一组：东张西望　东奔西走
　　　　南征北战　南腔北调

285

第二组：上行下效　上蹿下跳
　　　　左邻右舍　左顾右盼
第三组：马不停蹄　老马识途
　　　　车水马龙　单枪匹马
第四组：虎头蛇尾　为虎作伥
　　　　狐假虎威　三人成虎

▶ 八词盘龙

祸不单（行）云流（水）天一（色）如死（灰）心槁（形）单影（双）宿双（飞）来横祸

▶ 文同画竹

胸有成竹

▶ 大龙护小龙

大龙：快人快（语）不惊（人）面桃（花）前月（下）笔有（神）通广（大）快人（心）直口快
小龙：双宿双（飞）蛾扑（火）光烛（天）下无双

▶ 连连看

狗坐轿子——不识抬举
一二五——丢三落四
愚公的房子——开门见山
下地不穿鞋——脚踏实地

射箭没靶子——无的放矢

▶ 有趣的"六根"

七嘴八舌　有眼无珠　眼花缭乱
耳根清净　掩耳盗铃　嗤之以鼻
身不由己　眉开眼笑　眼高手低
心满意足　意气用事　巧舌如簧

▶ 成语迷宫

水深火（热）血沸（腾）云驾（雾）里看（花）天酒（地）大物（博）学多（闻）鸡起舞
忍气吞（声）威大（震）天动（地）动山（摇）尾乞（怜）香惜（玉）洁冰（清）歌妙舞

▶ 成语巧连线

星星之火　　　　无所用心
疑人勿用　　　　五谷不分
谋事在人　　　　成事在天
饱食终日　　　　覆手为雨
四体不勤　　　　暗箭难防
翻手为云　　　　万夫莫开
明枪易躲　　　　殃及池鱼
一夫当关　　　　挥之即去
城门失火　　　　用人勿疑
呼之即来　　　　可以燎原

成语格子

巧猜成语

调虎离山、放虎归山

没钱能买酒吗

无中生有

智猜成语

1. 胆大包天　2. 胆小如鼠　3. 一步登天　4. 气吞山河　5. 鹤立鸡群　6. 班门弄斧　7. 探囊取物　8. 海底捞针　9. 天涯海角　10. 顶天立地

齐王纳谏

门庭若市

连一连

口传家书——言而无信

马桶倒进臭水沟——同流合污

八哥的嘴——人云亦云

五句话分两次讲——三言两语

叫花子要黄连——自讨苦吃

白骨精给唐僧送饭——虚情假意

吃蜂蜜说好话——甜言蜜语

月亮里的桂花树——高不可攀

看图猜一猜

点头之交　话里有话

根据上句猜下句

养兵千日（用兵一时）

重赏之下（必有勇夫）

人不犯我（我不犯人）

眼观六路（耳听八方）

不入虎穴（焉得虎子）

得道多助（失道寡助）

百尺竿头（更进一步）

选动物，填成语

雁 雀 鸟 象 驴 蝉 鳖 马
驴 犬 鹜 貉 豹 蛙 羊 燕

十二生肖找位置

虎 鼠 羊 马 龙 牛 鸡 猴 狗 兔 蛇 猪

人体乐园

脑 头 口 面 口 手 足 心

数字乐园

三六九 八五三 千十万 万百百
百百万

庖丁和梁惠王

庖丁解牛

成语连一连

早晨：旭日东升 晨光熹微

中午：骄阳似火 火伞高张

傍晚：日薄西山 薄暮冥冥

夜晚：月明星稀 万籁俱寂

长孙晟射雕

一箭双雕

成语连线

扭扭捏捏 唯唯诺诺 原原本本
堂堂正正 花花绿绿 偷偷摸摸
勤勤恳恳 兢兢业业 林林总总
浩浩荡荡

成语楼梯

七擒七纵 有勇有谋 民脂民膏 相
辅相成 自轻自贱 无影无踪 现世
现报 天兵天将 离心离德 束手束

脚 戒骄戒躁 若即若离 群策群力

成语分一分

描写勤奋的成语：

孜孜不倦 呕心沥血 披星戴月

闻鸡起舞 悬梁刺股 凿壁偷光

描写懒惰的成语：

好吃懒做 好逸恶劳 三天打鱼，两
天晒网 衣来伸手，饭来张口 游
手好闲 坐吃山空

梁鸿和孟光

举案齐眉

写景成语

春天： 莺歌燕舞 鸟语花香

夏天： 骄阳似火 挥汗如雨

秋天： 西风落叶 五谷丰登

冬天： 天寒地冻 白雪皑皑

日月星

（星）罗棋布 （月）明星稀

旭（日）东升 （月）白风清

皓（月）千里 晓风残（月）

众（星）捧月

记事成语

学习方面：取长补短 一丝不苟

劳动方面：任劳任怨 拈轻怕重

节庆方面：鼓乐齐鸣 火树银花

游览方面：眼花缭乱 流连忘返

▶ 填成语

大声疾呼 刀耕火种 大惊小怪

一锤定音 知难而退 广开言路

大书特书 一笔勾销

▶ 判断对错

1. × 2. × 3. × 4. × 5. √ 6. √

▶ 成语连线

潜移默化的影响 炉火纯青的境界

热火朝天的场面 鬼斧神工的奇观

欣欣向荣的景象

▶ 卖枣

囫囵吞枣

▶ 选字填空

鱼 鸟 鹤 马 犬 乌 象 鸡

豹 蝇 蜂 牛 鸟 猫 狼 马

虫 鹅 鱼 蜗 龙 兔 鱼 鸟

雀 虎 驹 鸿 驴 牛 鹏 鹿

▶ 成语填空

1. 师道尊严 2. 光怪陆离 3. 同室操戈 4. 因噎废食 5. 后起

之秀 6. 内忧外患 7. 冲锋陷阵 8. 食不果腹 9. 闭门造车 10. 江郎才尽 11. 字字珠玑 12. 安营扎寨

第三章 谜语小天地

▶ 聪明的小伙子

"行也坐，坐也坐，卧也坐"是青蛙；

"行也卧，站也卧，坐也卧"是蛇。

▶ 男女有别

"姓"字。

▶ 卖画不要钱

原来，道士出的是一个画谜。画中的"黑狗"，即"黑犬"。"黑"与"犬"一合成，就是"默"字。所以，老翁自始至终默不作声，道士就知道他猜中了。

▶ 莲船巧骂贪官

这既是一出讽刺剧，又是一首隐语诗，还是一则哑谜。其暗藏着四句话："好个干白船（甘百川），两狮（司）都咬（要）钱。五道冠（官）不正，一竿（甘）青（清）不全。"老百姓用传统的文化娱乐形式，巧妙而又辛辣地讽刺了甘百川的贪赃枉法行为。

物的谜语

1. 黑板擦　2. 斑马线　3. 枕头　4. 书包　5. 伞　6. 雨　7. 眼镜　8. 筷子

人体谜语

1. 耳朵　2. 眼睛　3. 嘴巴　4. 鼻子　5. 手

趣味谜语

谜底都是"打成一片"。其中的"片"字，第1、2题分别作"影片""照片"解，第3题指一片喧闹之声，第4题指薄薄的刀片。

骆宾王出字谜

骆宾王的意思是"一心奉请"。"自西走向东边停"，是"一"字。因为"一"字的笔画是从左至右，也就是从西到东。"峨眉山上挂三星"，是"心"字。"心"字下面的弯钩像是山峰，上面的三点像是三颗星星。"三人同骑无角牛"，是"奉"字。"奉"字上面是"三"和"人"，而"无角牛"则是"牛"字

去了左上的一撇，成了"奉"字下面的部分。"口上三画一点青"，是"请"字。"口上三画一点"指的是"言"，也就是"讠"，加"青"就是"请"了。

地名谜语

大江东去——上海　银河渡口——天津　双喜临门——重庆　重男轻女——贵阳　千里戈壁——长沙　永久和平——长安　文风不盛——武昌　胖子夫妻——合肥　风平浪静——宁波　金银铜铁——无锡

打猎

0只。

父子互相猜谜

儿子在玩"风筝"，父亲则需要"爆竹"。

范仲淹猜字

"等"字。

忠心的侍卫

"点点成金"就是"全"；"打断念头"就是"心"。侍卫要"全心保护皇

上"，康熙怎么能不高兴呢!

李白与杜甫

"藕"字和"杜"字。

老农答记者

"田"字。

苏东坡与苏小妹点菜

豆腐,豆芽。

三人的姓氏

钓鱼的姓"鲁",挎着弓的姓"张",驾车人姓"冯"。

妙语尝酒肉

苏东坡说:"既然如此,那你快把藏起来的酒肉端出来,一人一点,加上我这一口来吃吧!"

猜姓名

矮个子叫胡生,高个子叫王可。

辛酸的春联

上联的"二三四五"蕴含的意思是"缺衣(一)";下联的"六七八九"蕴含的意思是"少食(十)";横批的意思是"没有东西"。整副春联合在一起,是

说家里"缺衣少食没有东西"。

老先生收徒

姓名。

纪晓岚逃惩受奖

"米"字。

谁怕谁

前一个谜底是"蚊子",后一个是"蚊香"。

厨师谜话三国

缺算(蒜)、少言(盐)、无缰(姜)、短将(酱)。

奇妙的招牌

招牌上的话是个字谜,每句话正好打一个字,连起来的意思就是"有好酒卖"。

孔子猜谜

"仲"字。

一家三口来猜谜

天、鱼、针。

三姐妹猜谜

雨伞。

农夫、渔夫与书生

因为他们说的是同一个字——"心"。

伍子胥猜谜

"日"字。

赠联

上联没有"六",下联没有"九",意为"没有肉没有酒";横批竖着写,组合起来是"吝啬"二字。

王安石出谜招书童

"用"字。

石头指路

"石"字伸出头,就是"右"字。小牧童告诉解缙该走右边的路。

王老板请酒

"口"字。

自命不凡的吴知县

第一个谜语的谜底是"十分好笑",第二个谜语的谜底是"幽"字。

实为一字

"一"字。

改姓的财主与无赖

财主姓"汪",无赖姓"田"。

王安石出谜

筷子。

猜谜识凶

这个字谜其实很简单,只要在所写的四个字上各加上一笔,这四个字就会变成"王、妃、杀、女",所以凶手是王妃,也就是皇帝的妻子。事关皇帝的家事,大臣们这些外人怎么敢随便开口,弄不好可是要杀头的。

白居易送温暖

象棋。

一枚铜板和三菜一汤

杜甫《绝句》:"两个黄鹂鸣翠柳,一行白鹭上青天。窗含西岭千秋雪,门泊东吴万里船。"

水果密码

"进攻"。

孙子戏爷爷

爷爷叫小敏和小明去买筷子,要买十五双。小敏买了八双,小明买了七双。"六"的一半是"八","七"比"十"多转点儿弯,即"十有余"。

树洞的秘密

王村会合。

师徒姓什么

老师姓"鲁",学生姓"郭"。

小姑挨打

灯笼。谜面第一句中的"打"字,为"提、举"之意。

苏小妹制谜

"藤"字。

三人猜谜认同宗

三个秀才都姓"王"。

三人对谜

"鲜"字。

神童解缙

他的父亲是担水的,母亲是磨豆腐的。

丞相出谜招女婿

"晶"字。

奸臣与螃蟹

"春无日"为"夫","秋无光(火)"为"禾",加在一起正好是个"秦"字,此字谜暗示秦桧似螃蟹般横行霸道。

灯谜戏财主

缝衣针。

介绍朋友

男性朋友叫"田由",女性朋友叫"甲申"。

答体检青年

"答"是"个、个、合"的合体字。

王冕画画

虾。

此为何物

电话。

第四章 诗海趣味多

诗句重排

独上江楼思渺然,风景依稀似去年。同来望月人何处?月光如水水如天。

吴用智赚玉麒麟

这首诗是首藏头诗,暗藏"卢(芦)俊义反"四个字。

293

马鞍藏雄心

马鞍上的这首诗藏了四个字——"辛未状元"。"六"加"一、十"，是"辛"字；"杏"除去"口"加一横，是"未"字；"妆"去掉一半，剩下"丬"，"大"加一点为"犬"，"丬""犬"相加，就是"状"字；"完"去掉"宀"，是"元"字。

姓甚名谁

李调元。这个秀才作的是一首藏头诗，将每句诗的开头连起来，便是"李调元也"四个字。

数字谜语诗词

"金钱卜落"，"下"字中有"卜"，"卜"没有了，就剩"一"，因此这句谜底就是"一"。以此类推，谜底是"一二三四五六七八九十"。

巧找诗句

赏花归去马如飞，去马如飞酒力微。酒力微醒时已暮，醒时已暮赏花归。

古诗密码

红豆生南国，春来发几枝？愿君多采撷，此物最相思。

巧妙的回环诗

赵明诚的诗是：秋江楚雁宿沙洲，雁宿沙洲浅水流。流水浅洲沙宿雁，洲沙宿雁楚江秋。

李清照的诗是：香莲碧水动风凉，水动风凉夏日长。长日夏凉风动水，凉风动水碧莲香。

荒年诗

第一首诗中，"除去"是去掉的意思，"酒"字去了"酉"，指只有饮"水"了；第二首诗的意思是要想吃肉，只有杀"我"了。

陆羽有谜难孟郊

请坐！奉茶！

怪体诗如何读

诗句为：山山远隔半山塘，心乐归山世已忘。楼阁拥山疑阆苑，村庄作画实沧浪。渔歌侑醉新丝竹，禅榻留题旧庙堂。山近苏城三四里，山峰千百映山光。

石碑诗

①繁体字的"响"写作"響"，剖开便有"乡""音"两个字。

②七言律诗八句应有56个字，可图上只有49个字，那7个字藏在哪里呢？从中间的"牛"字开始回绕读，每句吟成七言，读到最后那个字就将它剖开，取其剖开的半个字，借给下一句当第一个字，并且要考虑到古代汉字为繁体字。所以，原诗应为：

> 牛郎织女会佳期，
> 月底弹琴又赋诗。
> 寺静惟闻钟鼓响，
> 音停始觉星斗移。
> 多少黄冠归道观，
> 见机而作尽忘机。
> 几时得到桃源洞，
> 同彼仙人下象棋。

» 药谜难不倒神医

穿心莲、杭菊、满天星、生地、万年青、千年健、益母、防己、商陆、当归、远志、苦参、续断、厚朴、白术、没药

» 童诗重组

D→C→B→A→E

» 组词拼诗句

诗句：春色满园关不住，一枝红杏出墙来。

诗名：《游园不值》
作者：叶绍翁

» 填成语，学古诗

白日依山尽，黄河入海流。
欲穷千里目，更上一层楼。

» 冯梦龙巧戏算命先生

"卜"字。

第五章 趣联对对碰

» 巧获安宁

这副对联谜巧用了离合法。"古""月"合成"胡"，"门中市"是"闹"，上联的谜底是"胡闹"；"言""青"合成"请"，"山上山"是"出"，下联的谜底是"请出"。上下联合到一起就是：胡闹，请出！

» 改联气官人

上联：父进土子进土父子皆进土
下联：婆失夫媳失夫婆媳皆失夫

» 难倒唐伯虎的题

"重泥"暗含"仲尼"（孔子）之意，子路是孔子的学生。老农以老师自居，既赚了便宜，又难住了对方。

295

» 析字出对

朱秀才的上联采用了析字法。因"王""老""者"三字，均含有"土"字，故云"一身土气"。王老头的对句也用了析字法，因"朱""先""生"三字都含有半个"牛"字，且都在上部，故云"半截牛形"。

» 除夕贴对联

（福无双至）今朝至

（祸不单行）昨夜行

» 苏小妹试新郎

投石击破水中天

» 解缙气富豪

门对千根竹短，家藏万卷书长。

门对千根竹短无，家藏万卷书长有。

» 才女嫁豺狼

犬门生贵子，才女嫁豺狼。

» 朱元璋题联龙兴寺

大肚能容，容天下难容之事。

慈颜善笑，笑世上可笑之人。

» 祖孙巧对对联

一飞，飞上天。

» 佛印与苏小妹相戏

女卑为婢，女又可称奴。

» 苏东坡改对联

发愤识遍天下字，立志读尽人间书。

» 解缙智救灾民

青黄不接，穷人卖尽东西。

» 妙讽洪承畴

君恩深似海矣，臣节重如山乎？

» 改联救命

年年失望年年望

事事难成事事成

横批：春在心中

» 茶酒续佳话

劳心苦，劳力苦，苦中作乐，拿壶酒来。

» 对联万花筒

（文）中有戏（戏）中有文识（文）者看（戏）不识（戏）者看（文）音里藏（调）调里藏（音）懂（音）者听（调）不懂（调）者听（音）

» 小辈嘲讽洪承畴

两朝领袖，他年何以别清明。

▶ 少爷过年

早行节俭事，免过淡泊年。

▶ 嘲相士

几卷破书，也要谈名谈利；

一双瞎眼，哪能知吉知凶？

第六章 俗语、谚语、歇后语

▶ 亡羊补牢

为时不晚

▶ 和动物相关的歇后语

1. 必有一伤　2. 四脚朝天　3. 翻脸不认人　4. 装人样　5. 熊到家了　6. 比马大　7. 假斯文　8. 草包　9. 有借无还

▶ 歇后语补充

1. 走着瞧　2. 洗不清　3. 没啥滋味　4. 欺人太甚　5. 一波未平，一波又起　6. 管得宽　7. 功底还浅　8. 心狠手辣　9. 肚里有货　10. 尽出馊主意　11. 不打自招

▶ 抱着琵琶进磨坊

对牛弹琴

▶ 瞎子摸象

各说各有理（以偏概全）

▶ 康熙题匾

将错就错

▶ 井底的蛤蟆

目光短浅

▶ 填填植物歇后语

1. 心里美　2. 老了　3. 死脑筋　4. 风吹两边倒　5. 溜啦　6. 害人先害己（引火上身）　7. 一肚子坏水　8. 不知底细　9. 冒牌货　10. 父子相会　11. 气崩了　12. 捡软的捏　13. 舒服死了　14. 开窍了　15. 蔫了

▶ 煮豆燃豆萁

自家人整自家人（自相残杀）

▶ 历史人物歇后语

1. 反了　2. 吃也得吃，不吃也得吃　3. 好厉害的丫头　4. 先斩后奏　5. 铁面无私　6. 就那三板斧　7. 走投无路　8. 栽到家了　9. 独断专行　10. 好心不得好报　11. 喜疯了　12. 多多益善　13. 老来喜　14. 以假充真　15. 巧夺天工

趣味语文

周瑜打黄盖

一个愿打，一个愿挨

狗咬吕洞宾

不识好人心

填填歇后语

1. 晚了 2. 替旁人欢喜 3. 迟早有一回 4. 先人后己 5. 摸不透 6. 反咬一口 7. 粗心（芯） 8. 摆设 9. 尽出歪主意 10. 各有所好 11. 无用 12. 不愁嫁 13. 穷讲究 14. 倾家荡产 15. 听风就是雨，见闪就是雷 16. 越看越欢喜

水仙不开花

装蒜

八仙过海

各显神通

鲁班门前弄大斧

不自量力（献丑）

秀才不出门

能知天下事

机不可失

时不再来

第七章 读名著，学语文

1 昆虫记

杨柳天牛、小甲虫 、小麻雀

2 西游记

1.孙悟空、猪八戒、沙僧 2. 白骨精、天宫、美猴王、芭蕉扇

3 汤姆·索亚历险记

示例：我最欣赏的是他和蓓姬在洞中历险时坚定、勇敢、友爱的精神。当他面临黑暗、孤独、饥饿的痛苦和死亡、恐怖的威胁时，他没有绝望、等待命运的安排，而是积极与困难抗争，对脱离困境充满了信心，并不断安慰、鼓励、关心蓓姬，一个孩子能做到这一点，实在让人钦佩。

4 安徒生童话

1. 郁金香、胡桃壳 2. 大年夜、火炉、烤鹅、圣诞树、老祖母

第八章 汉字魔法屋

看图联想

A、B、C、I、D、E、F、H、G

数学和汉字的关系

A.胖　B.晶　C.日　D.柏

砍树

小明写了个"囚"字。

巧添汉字

各添一个"口"字，成为"日""旦""亘""吾""电""舌"6个字。

填汉字

工

巧猜汉字

臭、奈、斌、好、昔、旦、青、多、皇、京、量、汕、羽。

用"口"组字

分别是"口""日""目""田""吾""晶""叱""只""味""叶"。

汉字新解

①旧　②出　③穷　④阅　⑤铁　⑥恩

巧拼新字

毕、协、男、町、甸、枝、舍、妓、果、洼、鸪、真。

忘恩负义的徒弟

这个徒弟没有量心，因为"量心"即"良心"。师傅想要告诉他做人不能忘恩负义。

"人"字加笔组字

添笔画成新字：天、夫、从、火、介、太、犬、仑、欠、认、木、以、今、仓、仄、久。

数字的妙用

一、万，千、千，十、十、九，四、六，三、一，三，四。

"二"的妙用

夫	井	开	王
丰	毛	牛	手
天	午	五	元
云	月	仁	无

词语接龙

马上—上学—学校—校长—长幼—幼年—年关—关心—心情—情景—景色—色调—调查—查明—明白—白吃—吃喝—喝水—水力—力

气—气温—温暖—暖和—和平

齐白石题字喻客

门上有"心"就是"闷"字，表示主人心情不好，不要去打扰；门上有"木"字，表示主人现在"闲"着，可以接待来客。

进门填字

闭、阔、问、间、闹、闩、闯、闽、闰、闺、闻、阅。

巧用"赢"字破疑案

由于"赢字"与"银子"音近，做贼心虚的老板娘以为丈夫真的已承认"银子"还在，于是就把客人的百两银子交了出来。

岳飞改字

岳飞将"天心取米"改为"未必敢来"。

杨修解字

"门"中加"活"字乃是一个"阔"字，曹操嫌园门太阔了。

纪晓岚题字

"竹"可以看作两个"个"，"苞"则是"草"和"包"，所以意思是说他们"个个草包"！

只要哪个字

第一次去掉的是"此地"，第二次去掉的是"西瓜"，第三次去掉的是"出"，最后只剩下一个"卖"字。

县太爷判案

县太爷将"用"字改成了"甩"字。

商人的家书

第一幅画画了七只鸭，就是在喊"妻呀"；第二幅画是一头大象死了，还有一只鹅，意思是说"想死我"了；第三幅画是五把勺子舀十个汤圆，意思是说他给我捎回十两银子；第四幅画的意思是说，我明年春天就要回来了。

将错就错

主考官利用同音字，批示为："所以，我不敢娶（取）。"

纪晓岚妙释"老头子"

纪晓岚的解释是：皇上万寿无疆，此为"老"；同时，皇上是至高无上的，此为"头"；而且，天地是皇上的父母，皇上就是"子"，连起来就是"老头子"了。

气死财主

他在上、下联的"官"字的左边加了偏旁"木",成了"棺"字。

借还是不借

因为小王说"正月没有初一","正"字去掉上面一横是"止",与"月"结合就是"肯",所以小王的意思是肯把相机借给小赵。

捎来的奇怪的信

这里是运用了谐音,"龟"即"归","竖"即"速"。农妇画了满纸的乌龟,意思就是"归、归……"最后画了一只竖着的大乌龟,意思是"速归"。

第九章 点小作用大

县令点遗书

六十老儿生一子,人言非,是我子也!家产田园尽付与,女婿外人,不得争执。

一张条幅

今年好倒霉,少不得打官司!

先生气财主

无鸡,鸭也可;无鱼,肉也可。

祝枝山写春联

明日逢春好,不晦气
终年倒运少,有余财

秀才对联戏富翁

原来这副对联还可以这样念:此地安能久居?主人好不悲伤!

老秀才巧对朱元璋

明王明不?明!
贤后贤非?贤!

小新的预测

第一次:你赢他?输。

第二次:你赢,他输。

第三次:你赢?他输?既不说赢,也不说输,自然是和了。

标点符号巧妙激励青年

青年时期是人生的一个小站,道路漫长,希望无边,岂不闻浪子回头金不换?

标点定胜负

如果是"这一场激烈的比赛的结果

是意大利队战败了巴西队,获得了冠军",那结果就是意大利队赢了;而如果是"这一场激烈的比赛的结果是意大利队战败了,巴西队获得了冠军",那结果就是巴西队赢了。

►► 媒婆说亲

少爷的念法:漆黑头发,全无麻子,脚不大,周正。

媒婆的念法:漆黑,头发全无,麻子,脚不大周正。

►► 标点符号表功劳

逗号 句号 感叹号 省略号 引号 冒号 逗号 句号 感叹号 省略号 引号 冒号

►► 手表

广州方面的本意是"手表,不要退回",而四川方面理解为"手表不要,退回"。可判广州方面因没使用标点而输。

►► 给父母的信

母亲的读法:儿的生活好痛苦,一点也没有粮食,多病,少挣了很多钱。

父亲的读法:儿的生活好,痛苦一点也没有,粮食多,病少,挣了很多钱。